MANUEL

DE LA PAIRIE.

MANUEL
DE LA PAIRIE,

CONTENANT

LA CHARTE CONSTITUTIONNELLE,

LES ORDONNANCES ET RÉGLEMENTS

RELATIFS A LA CHAMBRE DES PAIRS.

———

Avec deux Tables, l'une des *matières*,
l'autre des *noms propres*.

———

PARIS

IMPRIMERIE DE JULES DIDOT AINÉ,

IMPRIMEUR DU ROI ET DE LA CHAMBRE DES PAIRS,
Rue du Pont de Lodi, n° 6.

1ᵉʳ janvier 1824.

CHARTE
CONSTITUTIONNELLE.

———

LOUIS, PAR LA GRACE DE DIEU, ROI DE FRANCE ET DE NAVARRE;

A tous ceux qui ces présentes verront, SALUT :

La divine Providence, en nous rappelant dans nos États, après une longue absence, nous a imposé de grandes obligations. La paix étoit le premier besoin de nos sujets; nous nous en sommes occupés sans relâche; et cette paix, si nécessaire à la France, comme au reste de l'Europe, est signée. Une Charte constitutionnelle étoit sollicitée par l'état actuel du Royaume; nous l'avons promise, et nous la publions. Nous avons considéré que, bien que l'autorité tout entière résidât en France dans la personne du Roi, nos prédécesseurs n'avoient point hésité à en modifier l'exercice sui-

1

vant la différence des temps; que c'est ainsi que les communes ont dû leur affranchissement à Louis-le-Gros, la confirmation et l'extension de leurs droits à S. Louis et à Philippe-le-Bel; que l'ordre judiciaire a été établi et développé par les loïs de Louis XI, d'Henri II, et de Charles IX; enfin que Louis XIV a réglé presque toutes les parties de l'administration publique par différentes ordonnances dont rien encore n'avoit surpassé la sagesse. Nous avons dû, à l'exemple des Rois nos prédécesseurs, apprécier les effets des progrès toujours croissants des lumières, les rapports nouveaux que ces progrès ont introduits dans la société, la direction imprimée aux esprits depuis un demi-siècle, et les graves altérations qui en sont résultées. Nous avons reconnu que le vœu de nos sujets pour une Charte constitutionnelle étoit l'expression d'un besoin réel; mais en cédant à ce vœu, nous avons pris toutes les précautions pour que cette Charte fût digne de nous et du peuple auquel nous sommes fiers de commander. Des hommes sages, pris dans les premiers corps de l'État, se sont réunis à des Commissaires de notre Conseil, pour travailler à cet important ouvrage.

En même temps que nous reconnoissions qu'une Constitution libre et monarchique devoit remplir l'attente de l'Europe éclairée, nous avons dû nous souvenir aussi que notre premier devoir envers nos peuples étoit de conserver, pour leur propre intérêt, les droits et les prérogatives de notre couronne. Nous avons espéré qu'instruits par l'expérience, ils seroient convaincus que l'autorité suprême peut seule donner aux institutions qu'elle établit, la force, la permanence, et la majesté dont elle est elle-même revêtue; qu'ainsi, lorsque la sagesse des Rois s'accorde librement avec le vœu des peuples, une Charte constitutionnelle peut être de longue durée; mais que, quand la violence arrache des concessions à la foiblesse du Gouvernement, la liberté publique n'est pas moins en danger que le trône même. Nous avons enfin cherché les principes de la Charte constitutionnelle dans le caractère français et dans les monuments vénérables des siècles passés. Ainsi nous avons vu, dans le renouvellement de la Pairie, une institution vraiment nationale, et qui doit lier tous les souvenirs à toutes les espérances, en réunissant les temps anciens et les temps modernes. Nous avons remplacé par la Chambre des Députés, ces anciennes assemblées des champs de Mars et de Mai, et ces chambres du Tiers-État qui ont si souvent donné tout à-la-fois des preuves de zèle pour les intérêts du peuple, de fidélité et de respect pour l'autorité des Rois. En cherchant ainsi à renouer la chaîne des temps, que de funestes écarts avoient interrompue, nous avons effacé de notre souvenir, comme nous voudrions qu'on pût les effacer de l'histoire, tous les maux qui ont affligé la patrie durant notre absence. Heureux de nous retrouver au sein de la grande famille, nous n'avons su répondre à l'amour dont nous recevons tant de témoignages, qu'en pro-

nonçant des paroles de paix et de con-
solation. Le vœu le plus cher à notre
cœur, c'est que tous les Français vivent
en frères, et que jamais aucun souvenir
amer ne trouble la sécurité qui doit suivre l'acte solennel que nous leur accordons aujourd'hui.

Sûrs de nos intentions, forts de notre
conscience, nous nous engageons devant l'assemblée qui nous écoute, à être
fidèles à cette Charte constitutionnelle,
nous réservant d'en jurer le maintien
avec une nouvelle solennité devant les
autels de celui qui pèse dans la même
balance les rois et les nations.

A CES CAUSES, nous avons volontaire-
ment, et par le libre exercice de notre
autorité royale, accordé et accordons,
fait concession et octroi à nos sujets,
tant pour nous que pour nos successeurs, et à toujours, de la Charte constitutionnelle qui suit :

Droits publics des Français.

ARTICLE 1er.

Les Français sont égaux devant la loi, quels que soient d'ailleurs leurs titres et leurs rangs.

2.

Ils contribuent indistinctement, dans la proportion de leur fortune, aux charges de l'État.

3.

Ils sont tous également admissibles aux emplois civils et militaires.

4.

Leur liberté individuelle est également garantie, personne ne pouvant être poursuivi ni arrêté que dans les cas prévus par la loi, et dans la forme qu'elle prescrit.

5.

Chacun professe sa religion avec une égale liberté, et obtient pour son culte la même protection.

6.

Cependant la religion catholique, apostolique et romaine, est la religion de l'État.

7.

Les ministres de la religion catholique, apostolique et romaine, et ceux des autres cultes chrétiens, reçoivent seuls des traitements du trésor royal.

8.

Les Français ont le droit de publier et de faire imprimer leurs opinions, en se conformant aux lois qui doivent réprimer les abus de cette liberté.

9.

Toutes les propriétés sont inviolables, sans aucune exception de celles qu'on appelle *nationales*, la loi ne mettant aucune différence entre elles.

10.

L'État peut exiger le sacrifice d'une propriété pour cause d'intérêt public légalement constaté, mais avec une indemnité préalable.

II.

Toutes recherches des opinions et votes émis jusqu'à la restauration, sont interdites. Le même oubli est commandé aux tribunaux et aux citoyens.

12.

La conscription est abolie. Le mode de recrutement de l'armée de terre et de mer est déterminé par une loi.

Formes du Gouvernement du Roi.

13.

La personne du Roi est inviolable et sacrée. Ses Ministres sont responsables. Au Roi seul appartient la puissance exécutive.

14.

Le Roi est le Chef suprême de l'État; commande les forces de terre et de mer; déclare la guerre, fait les traités de paix, d'alliance et de commerce; nomme à tous les emplois d'administration publique, et fait les réglements et ordonnances nécessaires pour l'exécution des lois et la sûreté de l'État.

15.

La puissance législative s'exerce collectivement par le Roi, la Chambre des Pairs, et la Chambre des Députés des départements.

16.

Le Roi propose la loi.

17.

La proposition de la loi est portée, au gré du Roi, à la Chambre des Pairs ou à celle des Députés, excepté la loi de l'impôt qui doit être adressée d'abord à la Chambre des Députés.

18.

Toute loi doit être discutée et votée librement par la majorité de chacune des deux Chambres.

19.

Les Chambres ont la faculté de supplier le Roi de proposer une loi sur quelque objet que ce soit, et d'indiquer ce qu'il leur paroît convenable que la loi contienne.

20.

Cette demande pourra être faite par chacune des deux Chambres, mais après avoir été discutée en comité secret.

Elle ne sera envoyée à l'autre Chambre, par celle qui l'aura proposée, qu'après un délai de dix jours.

21.

Si la proposition est adoptée par l'autre Chambre, elle sera mise sous les yeux du Roi; si elle est rejetée, elle ne pourra être représentée dans la même session.

22.

Le Roi, seul, sanctionne et promulgue les lois.

23.

La liste civile est fixée pour toute la durée du règne, par la première législature assemblée depuis l'avènement du Roi.

De la Chambre des Pairs.

24.

La Chambre des Pairs est une portion essentielle de la puissance législative.

25.

Elle est convoquée par le Roi en même temps que la Chambre des Députés des départements. La session de l'une commence et finit en même temps que celle de l'autre.

26.

Toute assemblée de la Chambre des Pairs qui seroit tenue hors du temps de la session de la Chambre des Députés, ou qui ne seroit pas ordonnée par le Roi, est illicite et nulle de plein droit.

27.

La nomination des Pairs de France appartient au Roi. Leur nombre est illimité; il peut en varier les dignités, les nommer à vie ou les rendre héréditaires selon sa volonté.

28.

Les Pairs ont entrée dans la Chambre à vingt-cinq ans, et voix délibérative à trente ans seulement.

29.

La Chambre des Pairs est présidée par le Chancelier de France, et, en son absence, par un Pair nommé par le Roi.

30.

Les Membres de la famille royale et les Princes du sang sont Pairs par le droit de leur naissance. Ils siègent immédiatement après le Président, mais ils n'ont voix délibérative qu'à vingt-cinq ans.

31.

Les Princes ne peuvent prendre séance à la Chambre que de l'ordre du Roi, exprimé pour chaque session par un message, à peine de nullité de tout ce qui auroit été fait en leur présence.

32.

Toutes les délibérations de la Chambre des Pairs sont secrètes.

33.

La Chambre des Pairs connoît des crimes de haute trahison et des attentats à la sûreté de l'État qui seront définis par la loi.

34.

Aucun Pair ne peut être arrêté que de l'autorité de la Chambre, et jugé que par elle en matière criminelle.

De la Chambre des Députés des Départements.

35.

La Chambre des Députés sera composée des Députés élus par les collèges électoraux dont l'organisation sera déterminée par des lois.

36.

Chaque département aura le même nombre de Députés qu'il a eu jusqu'à présent.

37.

Les Députés seront élus pour cinq

ans, et de manière que la Chambre soit renouvelée chaque année par cinquième.

38.

Aucun Député ne peut être admis dans la Chambre s'il n'est âgé de quarante ans, et s'il ne paie une contribution directe de 1000 francs.

39.

Si néanmoins il ne se trouvoit pas dans le département cinquante personnes de l'âge indiqué, payant au moins 1000 fr. de contributions directes, leur nombre sera complété par les plus imposés au-dessous de 1000 francs, et ceux-ci pourront être élus concurremment avec les premiers.

40.

Les électeurs qui concourent à la nomination des Députés ne peuvent avoir droit de suffrage s'ils ne paient une contribution directe de 300 francs, et s'ils ont moins de trente ans.

41.

Les présidents des collèges électoraux

seront nommés par le Roi, et de droit membres du collège.

42.

La moitié au moins des Députés sera choisie parmi les éligibles qui ont leur domicile politique dans le département.

43.

Le Président de la Chambre des Députés est nommé par le Roi, sur une liste de cinq membres présentée par la Chambre.

44.

Les séances de la Chambre sont publiques; mais la demande de cinq membres suffit pour qu'elle se forme en comité secret.

45.

La Chambre se partage en Bureaux pour discuter les projets qui lui ont été présentés de la part du Roi.

46.

Aucun amendement ne peut être fait à une loi, s'il n'a été proposé ou con-

senti par le Roi, et s'il n'a été renvoyé
et discuté dans les Bureaux.

47.

La Chambre des Députés reçoit toutes
les propositions d'impôt; ce n'est qu'a-
près que ces propositions ont été admi-
ses, qu'elles peuvent être portées à la
Chambre des Pairs.

48.

Aucun impôt ne peut être établi ni
perçu, s'il n'a été consenti par les deux
Chambres et sanctionné par le Roi.

49.

L'impôt foncier n'est consenti que
pour un an. Les impositions indirectes
peuvent l'être pour plusieurs années.

5o.

Le Roi convoque chaque année les
deux Chambres: il les proroge, et peut
dissoudre celle des Députés des départements; mais, dans ce cas, il doit en
convoquer une nouvelle dans le délai
de trois mois.

51.

Aucune contrainte par corps ne peut être exercée contre un membre de la Chambre, durant la session, et dans les six semaines qui l'auront précédée ou suivie.

52.

Aucun membre de la Chambre ne peut, pendant la durée de la session, être poursuivi ni arrêté en matière criminelle, sauf le cas de flagrant délit, qu'après que la Chambre a permis sa poursuite.

53.

Toute pétition à l'une ou à l'autre des Chambres ne peut être faite et présentée que par écrit. La loi interdit d'en apporter en personne et à la barre.

Des Ministres.

54.

Les Ministres peuvent être membres de la Chambre des Pairs ou de la Chambre des Députés. Ils ont en outre leur entrée dans l'une ou l'autre Chambre, et doivent être entendus quand ils le demandent.

55.

La Chambre des Députés a le droit d'accuser les Ministres, et de les traduire devant la Chambre des Pairs, qui seule a celui de les juger.

56.

Ils ne peuvent être accusés que pour fait de trahison ou de concussion. Des lois particulières spécifieront cette nature de délits, et en détermineront la poursuite.

De l'Ordre judiciaire.

57.

Toute justice émane du Roi; elle s'administre en son nom par des juges qu'il nomme et qu'il institue.

58.

Les juges nommés par le Roi sont inamovibles.

59.

Les cours et tribunaux ordinaires actuellement existants, sont maintenus. Il n'y sera rien changé qu'en vertu d'une loi.

60.

L'institution actuelle des juges de commerce est conservée.

61.

La justice de paix est également conservée. Les juges de paix, quoique nommés par le Roi, ne sont point inamovibles.

62.

Nul ne pourra être distrait de ses juges naturels.

63.

Il ne pourra en conséquence être créé de commissions et tribunaux extraordinaires. Ne sont pas comprises sous cette dénomination les jurisdictions prévôtales, si leur rétablissement est jugé nécessaire.

64.

Les débats seront publics en matière criminelle, à moins que cette publicité ne soit dangereuse pour l'ordre et les mœurs; et, dans ce cas, le tribunal le déclare par un jugement.

65.

L'institution des jurés est conservée. Les changements qu'une plus longue expérience feroit juger nécessaires, ne peuvent être effectués que par une loi.

66.

La peine de la confiscation des biens est abolie et ne pourra pas être rétablie.

67.

Le Roi a le droit de faire grace, et celui de commuer les peines.

68.

Le Code civil et les lois actuellement existantes qui ne sont pas contraires à la présente Charte, restent en vigueur jusqu'à ce qu'il y soit légalement dérogé.

Droits particuliers garantis par l'État.

69.

Les militaires en activité de service, les officiers et soldats en retraite, les veuves, les officiers et soldats pensionnés, conserveront leurs grades, honneurs et pensions.

70.

La dette publique est garantie; toute espéce d'engagement pris par l'État avec ses créanciers est inviolable.

71.

La noblesse ancienne reprend ses titres; la nouvelle conserve les siens. Le Roi fait des nobles à volonté; mais il ne leur accorde que des rangs et des honneurs, sans aucune exemption des charges et des devoirs de la société.

72.

La Légion-d'honneur est maintenue.

Le Roi déterminera les réglements intérieurs et la décoration.

73.

Les colonies seront régies par des lois et des réglements particuliers.

74.

Le Roi et ses successeurs jureront, dans la solennité de leur sacre, d'observer fidélement la présente Charte constitutionnelle.

ARTICLES TRANSITOIRES.

75.

Les Députés des départements de France qui siégeoient au Corps-Législatif lors du dernier ajournement, continueront de siéger à la Chambre des Députés jusqu'à remplacement.

76.

Le premier renouvellement d'un cinquième de la Chambre des Députés aura lieu, au plus tard, en l'année 1816, suivant l'ordre établie entre les séries.

Nous ordonnons que la présente Charte constitutionnelle, mise sous les yeux du Sénat et du Corps-Législatif, conformément à notre proclamation du 2 mai, sera envoyée incontinent à la Chambre des Pairs et à celle des Députés.

Donné à Paris, l'an de grace 1814, et de notre règne le 19ᵉ.

Signé LOUIS.

Et plus bas :

Le Ministre Secrétaire d'État,

Signé L'ABBÉ DE MONTESQUIOU.

VISA :

Le Chancelier de France,

Signé DAMBRAY.

LISTE NOMINATIVE

Des cent cinquante - quatre Pairs que Sa Majesté nomme à vie* pour composer la Chambre des Pairs de France.

———

4 juin 1814.

MM.

L'Archevêque de Reims,
L'Évêque de Langres.
L'Évêque de Châlons,
Le Duc d'Uzès,
Le Duc d'Elbœuf,
Le Duc de Montbazon,
Le Duc de la Trémoille,
Le Duc de Chevreuse,
Le Duc de Brissac,
Le Duc de Richelieu,
Le Duc de Rohan,
Le Duc de Luxembourg,
Le Duc de Gramont,

———

* Voir ci-après l'Ordonnance du Roi du 19 août 1815, sur l'hérédité de la Pairie.

MM.

Le Duc de Mortemart,
Le Duc de Saint-Aignan,
Le Duc de Noailles,
Le Duc d'Aumont,
Le Duc d'Harcourt,
Le Duc de Fitz-James,
Le Duc de Brancas,
Le Duc de Valentinois,
Le Duc de Fleury,
Le Duc de Duras,
Le Duc de la Vauguyon,
Le Duc de Praslin,
Le Duc de la Rochefoucauld,
Le Duc de Clermont Tonnerre,
Le Duc de Choiseul,
Le Duc de Coigny,
Le Prince de Bénévent,
Le Duc de Croï,
Le Duc de Broglie,
Le Duc de Laval-Montmorency,
Le Duc de Montmorency,
Le Duc de Beaumont,
Le Duc de Lorges,

MM.

Le Duc de Croï-d'Havré,
Le Duc de Polignac,
Le Duc de Lévis,
Le Duc de Maillé,
Le Duc de Saulx-Tavannes,
Le Duc de la Force,
Le Duc de Castries,
De Noailles, Prince de Poix,
Le Duc de Doudeauville,
Le Prince de Chalais,
Le Duc de Sérent,
Le Duc de Plaisance,
Le Prince de Wagram,
Le Maréchal Duc de Tarente,
Le Maréchal Duc d'Elchingen,
Le Maréchal Duc d'Albuféra,
Le Maréchal Duc de Castiglione,
Le Maréchal Comte de Gouvion-
    Saint-Cyr,
Le Maréchal Duc de Raguse,
Le Maréchal Duc de Reggio,
Le Maréchal Duc de Conegliano,
Le Maréchal Duc de Trévise,

MM.

Le Comte Abrial,
Le Comte de Barral, Archevêque de
  Tours,
Le Comte Barthelemy,
Le Cardinal de Bayane,
Le Comte de Beauharnois,
Le Comte de Beaumont,
Le Comte Berthollet,
Le Comte de Beurnonville,
Le Comte Barbé de Marbois,
Le Comte Boissy-d'Anglas,
Le Comte Bourlier, Évêque d'Évreux,
Le Duc de Cadore,
Le Comte de Canclaux,
Le Comte de Casabianca,
Le Comte Chasseloup-Laubat,
Le Comte Cholet,
Le Comte Clément de Ris,
Le Comte Colaud,
Le Comte Colchen,
Le Comte Cornet,
Le Comte Cornudet,
Le Comte d'Aboville,

MM.

Le Comte d'Aguesseau,
Le Maréchal Duc de Dantzick,
Le Comte Davous,
Le Comte Demont,
Le Comte de Croix,
Le Comte Dedelay-d'Agier,
Le Comte Dejean,
Le Comte Dembarrère,
Le Comte Depère,
Le Comte Destutt de Tracy,
Le Comte d'Harville,
. Le Comte d'Haubersart,
Le Comte d'Hédouville,
Le Comte Dupont,
Le Comte Dupuy,
. Le Comte Emmery,
Le Comte Fabre de l'Aude,
Le Comte de Fontanes,
Le Comte Garnier,
Le Comte Gassendi,
Le Comte de Gouvion,
Le Comte Herwyn,
Le Comte de Jaucourt,

MM.

Le Comte Journu-Auber,
Le Comte Klein,
Le Comte Lacépède,
Le Comte de Lamartillière,
Le Comte Lanjuinais,
Le Comte Laplace,
Le Comte de Latour-Maubourg,
Le Comte Lecouteulx de Canteleu,
Le Comte Lebrun de Rochemont,
Le Comte Legrand,
Le Comte Lemercier,
Le Comte Lenoir Laroche,
Le Comte de l'Espinasse,
Le Comte de Maleville,
Le Comte de Monbadon,
Le Comte de Montesquiou,
Le Comte de Pastoret,
Le Comte Péré,
Le Maréchal Comte Pérignon,
Le Comte de Pontécoulant,
Le Comte Porcher de Richebourg,
Le Comte Rampon,
Le Comte Rédon,

MM.

Le Comte de Sainte-Suzanne,
Le Comte de Saint-Vallier,
Le Comte de Ségur,
Le Comte de Semonville,
Le Maréchal Comte Serurier,
Le Comte Soulès,
Le Comte Shée,
Le Comte de Tascher,
Le Comte de Thévenard,
Le Comte de Valence,
Le Maréchal Duc de Valmy,
Le Comte de Vaubois,
Le Comte Vernier,
Le Comte de Villemanzy,
Le Comte Vimar,
Le Comte Volney,
Le Comte Maison,
Le Comte Dessoles,
Le Comte (Victor) de Latour-Mau-
    bourg,
Le Duc de Feltre,
Le Comte Belliard,
Le Comte Curial,

MM.

Le Comte de Vioménil,
Le Comte de Vaudreuil,
Le Bailli de Crussol,
Le Marquis d'Harcourt,
Le Marquis de Clermont Gallerande,
Le Comte Charles de Damas.

La présente liste a été arrêtée par le Roi, au château des Tuileries, le 4 juin 1814.

Signé LOUIS.

Par le Roi :

Le Chancelier de France,

Signé DAMBRAY.

ORDONNANCE DU ROI,

Qui affecte à la Chambre des Pairs le Palais
du Luxembourg, et nomme le Vice-Président
et le Grand-Référendaire de cette Chambre.

———

4 juin 1814.

LOUIS, PAR LA GRACE DE DIEU, ROI
DE FRANCE ET DE NAVARRE,

A tous ceux qui ces présentes verront,
SALUT :

Voulant pourvoir à ce que la Chambre des Pairs de France soit environ-
née, dès son entrée en fonctions, de
tout ce qui peut annoncer à nos sujets
la hauteur de sa destination.

NOUS AVONS DÉCLARÉ ET DÉCLARONS,
ORDONNÉ ET ORDONNONS ce qui suit :

ARTICLE Ier.

Le palais du Luxembourg, et ses dé-
pendances, telles qu'elles seront par nous

désignées, sont affectés à la Chambre des Pairs, tant pour y tenir ses séances, y déposer ses archives, que pour le logement des officiers, ainsi que le tout sera par nous réglé et établi.

2.

La garde du palais de la Chambre des Pairs, celle de ses archives, le service de ses messagers d'État et huissiers, sont sous la direction d'un Pair de France choisi par nous, sous la dénomination de *Grand-Référendaire de la Chambre des Pairs.*

3.

Il résidera au palais, et ne pourra s'en absenter sans notre permission expresse transmise par le Chancelier de France.

4.

Le Grand-Référendaire de la Chambre des Pairs transmettra à ses membres les lettres de convocation d'après nos ordres contre-signés par l'un de nos secrétaires d'État et visés par le Chancelier de France.

4

5.

Il apposera le sceau de la Chambre à tous les actes émanés d'elle et aux expéditions de ceux déposés dans les archives.

6.

Ses fonctions seront révocables à notre volonté.

7.

Conformément à l'article 29 de la Charte constitutionnelle, le comte Barthelemy est nommé Vice - Président de la Chambre des Pairs pour en exercer les fonctions jusqu'à ce qu'il ait été par nous autrement dit et ordonné.

8.

Conformément à la présente déclaration, le comte de Sémonville est nommé Grand-Référendaire de la Chambre des Pairs.

Donnons en mandement à nos cours, tribunaux, préfets, et corps administratifs, que ces présentes ils aient à faire lire, publier, et registrer par-tout où besoin sera, et à nos procureurs-généraux et préfets de tenir la main à leur exécution, et d'en certifier leurs ministres respectifs.

Donné à Paris, le 4 juin, l'an de grace 1814.

Signé LOUIS.

Par le Roi :

Le Ministre Secrétaire d'État de l'intérieur,
Signé L'ABBÉ DE MONTESQUIOU.

ORDONNANCE DU ROI,

Qui réunit au Domaine de la Couronne la Dotation du Sénat et des Sénatoreries.

4 juin 1814.

LOUIS, PAR LA GRACE DE DIEU, ROI DE FRANCE ET DE NAVARRE,

A tous ceux qui ces présentes verront, SALUT :

Nous nous sommes fait représenter l'état des services rendus par les mem-

bres qui composoient le Sénat, et nous
avons reconnu qu'indépendamment de
ce qu'a fait le corps entier dans ces der-
niers temps, pour hâter notre retour
dans nos États, la plupart de ses membres n'avoient été élevés à la dignité de
sénateurs qu'à titre de retraite et pour
des services distingués, rendus dans la
carrière civile et militaire. Nous n'en-
tendons pas qu'aucun d'eux perde la
récompense de ses travaux , et nous
avons résolu de leur garantir indistinctement, à titre de pension , et leur vie
durant , le traitement dont ils jouissent
aujourd'hui. Notre sollicitude s'est éten-
due jusque sur leurs veuves, afin que l'a-
venir ne soit pour ceux qui ont peu de
fortune le sujet d'aucune inquiétude, et
que tous ressentent complétement les
effets de notre bienveillance royale.

À CES CAUSES,

NOUS AVONS DÉCLARÉ ET DÉCLARONS,
ORDONNÉ ET ORDONNONS ce qui suit:

ARTICLE 1er.

La dotation actuelle du Sénat et des

sénatoreries est réunie au domaine de la Couronne; elle y demeurera incorporée quoique distincte, après en avoir distrait les propriétés particulières acquises par voie de confiscation, lesquelles seront rendues aux anciens propriétaires dans l'état où elles se trouvent, et sans aucune espèce de restitution de fruits.

2.

Les membres du Sénat nés Français conserveront une pension annuelle de 36,000 francs, et leurs veuves une pension de 6000 francs, après toutefois, à l'égard des veuves, que nous aurons reconnu que cette pension leur est nécessaire pour soutenir leur état.

3.

Les revenus provenant de la dotation actuelle du Sénat sont particulièrement affectés aux pensions ci-dessus accordées, à l'acquittement ou à l'achèvement des travaux du Luxembourg, à tout ce qui pourroit être dû aux différents individus employés par le Sénat jusqu'à ce jour, ainsi qu'à leurs traitements ou retraites.

4.

Au fur et à mesure de la mort de chaque membre du Sénat, la portion du traitement qui lui étoit assignée sera définitivement réunie au domaine de la Couronne, et confondue avec ce domaine; dès à présent, les fonds provenant de la dotation du Sénat seront régis et administrés comme faisant partie de nos domaines*.

---

* La loi du 8 novembre 1814, relative à la Liste civile et à la dotation de la Couronne, après avoir énoncé en 6 articles les objets qui composent cette dotation, s'exprime ainsi dans l'article 7 : « Tous les « domaines et revenus non compris dans les articles « précédents, font partie du domaine de l'État, sans « déroger toutefois à l'ordonnance du 4 juin, con- « cernant la dotation du Sénat et des Sénatoreries, « l'affectation des fonds provenant de cette dota- « tion, et leur administration; sauf à pourvoir par « une loi aux dispositions ultérieures que pourroit « exiger l'exécution de ladite ordonnance. »

Donnons en mandement à nos cours, tribunaux, préfets et corps administratifs, que ces présentes ils aient à faire lire, publier, et registrer par-tout où besoin sera, et à nos procureurs-généraux et préfets de tenir la main à leur exécution, et d'en certifier leurs ministres respectifs.

Donné à Paris, le 4 juin, l'an de grace 1814.

Signé LOUIS.

Par le Roi :

Le Ministre Secrétaire d'État de l'intérieur,

Signé l'abbé de Montesquiou.

ORDONNANCE DU ROI,

Relative aux lettres de naturalisation nécessaires à tout Étranger pour siéger dans l'une
ou l'autre Chambre.

———

4 juin 1814.

LOUIS, par la grace de Dieu, Roi
de France et de Navarre,

A tous ceux qui ces présentes verront,
salut :

Nous nous sommes fait représenter
les ordonnances des Rois nos prédécesseurs, relatives aux étrangers, notamment celles de 1386, de 1431, et celle de
Blois, art. 4, et nous avons reconnu que,
par de graves considérations, et à la demande des États-généraux, ces ordonnances ont déclaré les étrangers incapa-
bles de posséder des offices ou bénéfices,

ni même de remplir aucune fonction publique en France.

Nous n'avons pas cru devoir reproduire toute la sévérité de ces ordonnances, mais nous avons considéré que, dans un moment où nous appelons nos sujets au partage de la puissance législative, il importe sur-tout de ne voir siéger dans les Chambres que des hommes dont la naissance garantit l'affection au Souverain et aux lois de l'État, et qui aient été élevés, dès le berceau, dans l'amour de la patrie.

Nous avons donc cru convenable d'appliquer les anciennes prohibitions aux fonctions de Députés dans les deux Chambres, et de nous réserver le privilège d'accorder des lettres de naturalisation, de manière que nous puissions toujours, pour de grands et importants services, élever un étranger à la plénitude de la qualité de citoyen français; enfin nous avons voulu que cette récompense, l'une des plus hautes que nous puissions décerner, acquît un degré de solennité qui en relevât encore le prix.

À CES CAUSES,

NOUS AVONS ORDONNÉ ET ORDONNONS
ce qui suit :

ARTICLE 1er.

Conformément aux anciennes Con-
stitutions françaises, aucun étranger ne
pourra siéger, à compter de ce jour, ni
dans la Chambre des Pairs, ni dans celle
des Députés, à moins que, par d'importants services rendus à l'État, ils n'aient
obtenu de nous des lettres de naturalisation vérifiées par les deux Chambres.

2.

Les dispositions du Code civil relatives aux étrangers et à leur naturalisation, n'en restent pas moins en vigueur,
et seront exécutées selon leur forme et
teneur.

DONNONS en mandement à nos cours,
tribunaux, préfets, et corps administratifs, que ces présentes ils aient à faire
lire, publier, et registrer par-tout où

besoin sera, et à nos procureurs-généraux et préfets, de tenir la main à leur exécution, et d'en certifier leurs ministres respectifs.

Donné à Paris, le 4 juin, l'an de grace 1814.

Signé LOUIS.

Par le Roi :

Le Ministre Secrétaire d'État de l'intérieur,

Signé L'ABBÉ DE MONTESQUIOU.

RÉGLEMENT INTÉRIEUR

Adopté par la Chambre des Pairs, le 2 juillet 1814.

TITRE Ier.

Organisation du Bureau. Division de la Chambre en Bureaux.

ARTICLE Ier *.

Dans la seconde séance de chaque session, au plus tard, la Chambre nomme, au scrutin, de liste simple et à la majorité absolue, quatre de ses membres pour remplir, pendant le cours de la session les fonctions de secrétaires.

---

* A l'ouverture de chaque session le Président appelle au Bureau, comme secrétaires provisoires, les quatre plus jeunes Pairs présents à la séance, et ayant voix délibérative. (*Arrêté du 30 nov. 1816.*)

2.

Les quatre secrétaires ont séance au Bureau ; la présence de deux, au moins, est nécessaire.

3.

Les secrétaires sont spécialement chargés de veiller à la rédaction du procès-verbal.

Ils observent le résultat des votes dans les délibérations, et en rendent compte au Président lorsqu'il les consulte.

Ils tiennent note des votes dans le dépouillement des scrutins.

Ils font lecture des projets de loi, et autres actes et pièces qui doivent être lus à la Chambre.

4.

Après l'élection des secrétaires, et au plus tard dans les trois jours de l'ouverture de la session, la Chambre se partage en bureaux de vingt-cinq membres. Cette division de la Chambre s'opère par la voie du sort. Il est mis dans une urne autant de numéros qu'il y a

de Pairs composant la Chambre. Les
vingt-cinq premiers forment le premier
bureau, et ainsi de suite. S'il reste pour
le dernier bureau moins de quinze membres, les membres restants sont partagés
entre les bureaux déja complets.

5.

La distribution des membres de la
Chambre des Pairs en bureaux n'em-
pêche pas la Chambre, toutes les fois
qu'elle le juge convenable, de nommer
des commissions spéciales dont les fonctions cessent quand l'affaire pour laquelle elles ont été nommées est terminée. Ces commissions se nomment au
scrutin de liste simple à la majorité absolue.

TITRE II.

Ordre des Délibérations.

6.

A l'heure indiquée, si le tiers au
moins des Pairs est présent, le Président déclare que la séance est ouverte.

7.

Il donne ordre au Garde des registres de faire lecture du procès-verbal de la séance précédente.

8.

La rédaction de ce procès-verbal est adoptée, s'il n'y a pas de réclamation.

9.

S'il s'élève une réclamation, et qu'elle soit appuyée, l'un des secrétaires a la parole pour donner les éclaircissements nécessaires.

10.

Si, nonobstant cette explication, la réclamation subsiste appuyée, le Président prend l'avis de la Chambre.

11.

Si la réclamation est adoptée, le Bureau est chargé de présenter, dans la séance prochaine, une nouvelle rédaction conforme à la décision de la Chambre.

12.

Le Président annonce ensuite l'ordre du jour.

13.

Les propositions de loi faites par le Roi sont nécessairement le premier objet à l'ordre du jour.

14.

Ces propositions sont lues à la Chambre, soit par le Ministre du Roi qui en a reçu la mission, soit par l'un des secrétaires.

15.

Cette lecture faite, le Président ordonne, sans qu'il soit besoin de consulter la Chambre, que la loi proposée sera imprimée et distribuée aux bureaux.

Il ordonne également que les résolutions envoyées à la Chambre des Pairs par la Chambre des Députés, en vertu de l'art. 3o de la Charte constitutionnelle, soient distribuées aux bureaux, après que ces résolutions ont été lues à la Chambre par un des secrétaires.

Ces propositions de loi et ces résolutions sont en outre distribuées à domicile à chacun des Pairs.

16.

Tous les projets de loi, ainsi que les propositions dont la Chambre aura arrêté de s'occuper, seront examinés dans les bureaux avant d'être discutés en assemblée générale.

La Chambre détermine le jour où la discussion aura lieu en assemblée générale.

17.

Au jour indiqué par la Chambre pour la discussion en assemblée générale, conformément à l'article précédent, l'un des secrétaires de la Chambre fait lecture de la proposition soumise à l'examen des bureaux, et l'assemblée est consultée pour savoir si elle veut ouvrir la discussion ou nommer une commission spéciale pour lui faire son rapport.

18.

L'ordre du jour appelle ensuite les rapports des commissions sur les propositions de loi qui leur ont été renvoyées.

19.

Ces rapports se suivent dans l'ordre de date des renvois faits par la Chambre aux bureaux, à moins que, pour des causes importantes, la Chambre ne juge à propos d'intervertir cet ordre.

20.

Quand la Chambre a statué sur les rapports relatifs aux lois proposées par le Roi, l'ordre du jour appelle les rapports des commissions sur les propositions de l'une ou l'autre Chambre, faites conformément à l'article 19 de la Charte constitutionnelle, qui leur auroient été renvoyées.

Viennent ensuite les propositions faites ou à faire par les membres de la Chambre.

21.

Les lettres de convocation, que le Grand-référendaire envoie aux Pairs pour les prévenir du jour et de l'heure des séances, indiquent les objets à l'ordre du jour.

TITRE III.

Propositions faites à la Chambre par l'un des Pairs.

22.

Tout membre de la Chambre des Pairs, même celui qui n'auroit pas encore voix délibérative, a droit de faire une proposition à la Chambre.

23.

Après en avoir indiqué sommairement l'objet et les motifs, il la signe, et la dépose sur le bureau.

24.

Le Président consulte la Chambre sur la question de savoir s'il y a lieu de s'occuper de la proposition.

25.

Si la Chambre décide qu'il y a lieu de s'occuper de la proposition, celui qui l'a faite annonce le jour où il en développera les motifs.

26.

L'intervalle doit être au moins de trois jours, pendant lesquels la proposition peut être retirée par celui qui l'a faite

27.

Au jour indiqué, si la proposition n'est pas retirée, un des secrétaires en fait lecture, et le proposant en développe les motifs.

28.

Lorsque les motifs ont été développés, le Président ouvre la discussion sur la question seulement de savoir si la proposition sera prise en considération par la Chambre.

29.

Si la proposition est prise en considération, elle est envoyée et distribuée aux bureaux, pour y être examinée dans la même forme que les projets de loi.

3o.

Si au jour indiqué pour écouter la proposition avec le développement des motifs, les autres affaires à l'ordre du jour qui avoient la priorité ne permettent pas à la Chambre de s'occuper de la proposition, elle est remise à l'ordre du jour le plus prochain.

31.

Toute proposition dont, avant la première lecture et sur l'exposé sommaire qui en a été fait, la Chambre a jugé ne devoir pas s'occuper, peut être reproduite de nouveau, à quelque époque que ce soit de la même session, en observant toutefois les formalités prescrites par l'article 23.

32.

Toute proposition que la Chambre, dans la forme exposée à l'article 28, a jugé ne devoir être prise en considération, ne peut plus être représentée dans tout le cours de la session.

33.

·Lorsque les propositions faites à la Chambre ont été adoptées, elles prennent le nom de résolutions.

TITRE IV.

Forme des discussions.

34.

Un Pair ne peut prendre la parole sans qu'elle lui ait été accordée par le Président.

35.

En cas de contestation sur l'ordre de la parole, le Président décide à qui elle appartient.

36.

Le Président interrompt l'opinant qui s'écarte de la question, qui enfreint quelque disposition du règlement, qui blesse en quelque manière que ce soit ou les convenances générales, ou les égards dus à la Chambre et aux membres qui la composent.

37.

Le Président peut même rappeler l'o-
pinant à l'ordre, s'il le juge convenable;
ou, en cas de réclamation, consulter la
Chambre sur la question de savoir si
l'opinant s'est mis ou non dans le cas du
rappel à l'ordre.

38.

L'opinant qui se soumet à l'avertisse-
ment du Président peut conserver la
parole.

39.

Celui qui a parlé deux fois dans la
même séance sur une question ne peut
obtenir de nouveau la parole sur cette
question dans la même séance, à moins
que la Chambre, consultée par le Président, ne consente à l'entendre.

40.

Un Pair qui demande et qui obtient
la parole pour rétablir un fait doit être
entendu sur cet objet seulement; ce qui
n'ôte pas la parole à l'opinant qui dis-
cute la question principale.

41.

Dans toute discussion, si quelqu'un réclame la question préalable ou l'ajournement, et que cette réclamation soit appuyée, ces questions incidentes doivent être mises aux voix et décidées par la Chambre, avant d'entamer ou de continuer la discussion sur la question principale.

42.

Lorsqu'une question paroît complexe, et que la division en est demandée, la division doit être préalablement décidée par la Chambre.

43.

Aucune discussion ne peut être fermée sans que le Président ait pris, sur ce point, l'avis de la Chambre.

TITRE V.

Forme des Votes.

44.

Sur les questions d'ordre ou de *prio-*

rité, sur la *question préalable* ou l'*ajour-nement*, sur la proposition de *délibérer* ou de *prendre en considération*, sur la *clôture de la discussion*, et sur toutes autres questions qui ne sont que préparatoires ou incidentes à la question principale, les Pairs expriment leur vote en levant la main.

45.

Si l'épreuve est douteuse, elle est renouvelée.

46.

Si le doute subsiste, le Président ordonne que les membres *pour* se lèvent, et ils sont comptés; quand ils sont assis, les membres *contre* se lèvent, et ils sont comptés pareillement.

47.

Dans toute délibération, si quinze Pairs réclament le vote par scrutin, ce mode est nécessairement adopté.

48.

Les projets de loi ne peuvent être votés que par scrutin. Aucun prétexte d'ur-

gence ou autre ne peut motiver d'exception à cette règle.

49.

Lorsqu'on procède au vote par scrutin, les huissiers, sur l'ordre qu'en donne
le Président au Garde des registres, sont
introduits dans la Chambre, et distri-
buent à chaque membre un bulletin sur
lequel il exprime son opinion pour l'a-
doption ou le rejet, par *oui* ou par *non*.

50.

Tout bulletin blanc, ou qui porte autre chose que l'un de ces deux mots, *oui*
ou *non*, est rejeté comme nul.

51.

Pendant tout le temps où les bulletins
sont distribués ou recueillis, toute espèce de discussion est interdite.

52*.

Le scrutin est dépouillé et lu à haute

---

* Immédiatement avant le dépouillement de chaque scrutin, il sera fait un appel nominal pour
constater le nombre des membres présents. (*Arrêté
du 27 janvier* 1817.)

voix par le Président, assisté, pour cette opération, de deux scrutateurs élus par la voie du sort*.

53.

La majorité des votes est comptée d'après le nombre des bulletins valables, et non d'après celui des membres présents.

54.

Les scrutateurs gardent les bulletins jusqu'à ce que le résultat du scrutin ait été proclamé par le Président.

55.

Dans les élections par voie de scrutin, chaque bulletin porte autant de noms qu'il y a de personnes à élire. Un bulletin qui porte un plus grand nombre de noms n'est valable que pour les premiers noms jusqu'à concurrence du nombre requis.

---

* Les scrutins de liste peuvent être dépouillés par plusieurs bureaux, composés chacun de deux scrutateurs et de deux secrétaires nommés par le sort. (*Arrêté du 24 octobre 1815*).

56.

Lorsque le résultat a été proclamé, les bulletins sont détruits.

57.

Toute protestation contre une décision de la majorité est interdite.

TITRE VI.

Organisation et renouvellement des Bureaux.

58.

Chaque bureau se choisit par la voie du scrutin, à la majorité absolue, un président et un secrétaire.

59.

Les membres du bureau, qui ont obtenu le plus de suffrages après ceux nommés pour président et secrétaire, remplissent temporairement les fonctions de ceux-ci en cas d'absence.

60.

Les bureaux sont renouvelés en entier, par la voie du sort, après un mois.

61.

Tous les articles du présent réglement, relatifs aux formes et à l'ordre des discussions, sont applicables aux opérations qui ont lieu dans les bureaux.

62.

Les secrétaires des bureaux tiennent de simples notes, sans rédiger de procès-verbal; ces notes servent de renseignements, quand le bureau juge à propos d'y avoir recours.

TITRE VII.

Pétitions.

63.

Un comité est chargé de recevoir et d'examiner les pétitions adressées à la Chambre. Il reçoit également les pétitions qui lui sont remises par les Pairs auxquels elles auroient été adressées.

Chaque bureau nomme un de ses membres pour composer ce comité.

64.

Le comité ne fait rapport que des pétitions dont les signatures sont suffisamment constatées, et dont l'objet est dans les attributions de la Chambre.

65.

Lorsque le comité le juge nécessaire, il demande au Président de la Chambre d'indiquer une séance pour faire son rapport. Cette séance ne peut être différée de plus de huit jours *.

66.

Toute pétition adoptée par un Pair et appuyée par deux autres, est traitée comme proposition et dans les formes prescrites par les articles 23 et suivants.

67.

Il est ouvert dans les bureaux du secrétariat un registre particulier dans

---

* L'objet des pétitions est indiqué sommairement dans le feuilleton d'ordre du jour de la séance où doit s'en faire le rapport. (*Arrêté du* 18 *mars* 1819.)

lequel les pétitions sont enregistrées successivement à la date de leur présentation, et distinguées par un numéro d'ordre qui est reporté sur l'original de la pétition.

La série de ces numéros recommence à chaque session.

TITRE VIII.

Procès-verbal de la Chambre.

68.

Le procès-verbal des séances de la Chambre contient l'exposé sommaire des opérations de la Chambre pendant chaque séance.

69.

Les motifs des opinions n'y sont insérés que sommairement; les opinants n'y sont pas nommés*.

---

* Les hommages qui seront présentés à la Chambre en séance seront renvoyés à sa bibliothèque, sans aucune mention au procès-verbal. (*Arrêté du* 4 *avril* 1818.)

70.

Les rappels à l'ordre qui auroient eu lieu dans la séance n'y sont insérés qu'autant que la Chambre l'a expressément décidé, et que sa décision n'a point été révoquée dans le cours de la séance.

71.

Aucun des discours prononcés dans la séance, ni aucune des pièces qui y ont été lues ne sont insérés au procès-verbal, à moins que la Chambre n'en ait ordonné l'insertion. Il indique seulement le titre ainsi que le numéro d'enregistrement et renvoi pour les actes et pièces dont la Chambre a pu ordonner le dépôt dans ses archives.

Le procès-verbal est signé par le Président et deux secrétaires au moins.

72.

Les procès-verbaux de la Chambre des Pairs sont imprimés séance par séance pour être distribués aux membres de la Chambre seulement*. Les Pairs peuvent en tout temps prendre communication des procès-verbaux de la Chambre, ainsi que des pièces déposées aux archives.

73.

Aucun extrait des actes de la Chambre ne peut être délivré que sur l'autorisation du Bureau, signé du Président et de deux secrétaires au moins.

74.

Le règlement est imprimé et distribué par l'ordre de la Chambre. Les exemplaires qui excèdent le nombre des Pairs existants restent déposés aux archives.

75.

Lorsque la Chambre a adopté soit une addition au règlement, soit une suppression ou modification de quelqu'un

---

* Le Garde des registres est autorisé à envoyer au *Moniteur* le résumé de chaque séance. (*Arrêté du* 21 *octobre* 1815.)

des articles qui le composent, il est fait
une nouvelle édition de ce réglement,
dont les exemplaires sont aussitôt dis-
-tribués à chacun des Pairs.

TITRE IX.

Admission et réception des Pairs.

76.

Lorsqu'un Pair est nommé, il adresse
au Président ses lettres de nomination.
Le Président en informe la Chambre
dans la plus prochaine séance.

77.

Trois Pairs, désignés par la voie du
sort, sont chargés de vérifier les lettres
de nomination, ainsi que l'âge du nouveau Pair; cette commission fait son
rapport séance tenante; s'il n'y a point
de réclamation, le Président ordonne
que le nouveau Pair sera reçu dans la
séance suivante.

78.

Au jour déterminé, immédiatement
après la lecture du procès-verbal, le

Président annonce que le nouveau Pair demande à être admis.

Deux membres, désignés par le Président, vont recevoir le nouveau Pair, et rentrent avec lui, précédés de deux huissiers.

Le Président ordonne au Garde des registres de lire les lettres de nomination. Après cette lecture, pendant laquelle le nouveau Pair se tient debout, il prête serment, et va prendre place parmi les autres Pairs.

Ce serment est celui qui a été prêté dans la Séance royale du 4 juin 1814, et qui est conçu dans les termes suivants :

Je jure d'être fidèle au Roi, d'obéir aux lois du Royaume, et de me conduire en tout comme il appartient à un bon et loyal Pair de France*.

---

* La formule du serment a été modifiée ainsi qu'il suit, dans la séance royale du 7 octobre 1815 : *Je jure d'être fidèle au Roi, d'obéir à la Charte constitutionnelle et aux lois du Royaume, et de me conduire en tout comme il appartient à un bon et loyal Pair de France.*

TITRE X.

Vêtements. Rang dans les séances.
Députations.

79.

Les Pairs prennent le manteau et l'habit de cérémonie dans les solennités, et dans ce cas la lettre de convocation indique l'obligation de les porter.

80.

L'habit des Pairs dans les séances ordinaires est l'habit français bleu de roi, collet droit, semé de fleurs de lis brodées en or, parements brodés comme le collet, boutons d'or chargés d'un manteau herminé. Le chapeau à trois cornes, et l'épée.

81.

Dans les séances solennelles, immédiatement après les Princes du sang, chaque Pair prend son rang d'ancienneté, et dans l'ordre de la liste proclamée dans la séance royale du 4 juin 1814.

82.

Les Ministres qui ne sont pas Pairs ont place dans la Chambre sur des siéges pareils à ceux des Pairs, et placés dans le parquet en face du Président.

83.

Les vingt membres qui doivent être adjoints au Bureau pour former les grandes députations sont désignés par la voie du sort.

TITRE XI.

Garde des registres. Officiers minis-
tériels.

84.

Il y a un Garde des registres chargé de tenir la plume et de rédiger provisoirement le procès-verbal.

Il a son siége et sa table dans le parquet.

85.

Il soumet au Président et aux secrétaires la rédaction du procès-verbal, et ce n'est qu'après que la rédaction a été approuvée par eux qu'il en fait lecture

à la Chambre, sur l'ordre que lui en
donne le Président.

86.

Le Garde des registres est à la nomination du Chancelier Président.

87.

Trois messagers d'État et sept huissiers sont attachés au service de la
Chambre.

Les messagers sont à la nomination
du Chancelier président.

Les huissiers sont à la nomination
du Grand-référendaire.

TITRE XII.

*Police du Palais. Passe-ports et certi-
ficats de vie.*

88.

La police du palais et de ses dépendan-
ces appartient exclusivement au Grand-
référendaire, sous l'autorité de la Chambre.

Les passe-ports et les certificats de vie
sont délivrés aux membres de la Chambre par le Grand-référendaire.

RÉGLEMENT

En forme de loi, sur les communications des Chambres avec le Roi, et entre elles.

13 août 1814.

LOUIS, PAR LA GRACE DE DIEU, ROI DE FRANCE ET DE NAVARRE,

A nos amés et féaux les membres de la Chambre des Pairs et les membres de la Chambre des Députés, SALUT:

Voulant pourvoir aux relations que lesdites Chambres doivent avoir avec nous, ainsi qu'à celles qu'elles peuvent avoir entre elles,

AVONS ARRÊTÉ et ARRÊTONS, ORDONNÉ et ORDONNONS ce qui suit:

TITRE Ier.

Ouverture de la session.

ARTICLE Ier (1).

La convocation des deux Chambres

est faite par une proclamation qui fixe le jour de l'ouverture de la session.

Tous les Députés sont tenus de se rendre.

Les Pairs sont convoqués par des lettres closes du Roi, contre-signées par le Chancelier de France.

Les Députés des départements sont convoqués par des lettres closes du Roi, adressées à chacun des Députés, et contre-signées par le Ministre de l'intérieur.

II (2).

Le jour de l'ouverture de la session, les Pairs et les Députés se réunissent dans la même enceinte.

III (3).

Une députation de douze Pairs et de vingt-cinq Députés va recevoir le Roi au pied du grand escalier, et le conduit jusqu'aux marches du trône.

IV (4).

Lorsque le Roi est assis et couvert, il ordonne aux Pairs de s'asseoir, et les Députés attendent que le Roi le

leur permette par l'organe de son Chancelier.

v (5).

Nul n'est couvert en présence du Roi.

vi (6).

Quand le Roi a cessé de parler, le
Chancelier prend ses ordres et annonce
que la session est ouverte.

vii (7).

Le Roi est accompagné à sa sortie
par les mêmes députations, et jusqu'aux
mêmes lieux.

TITRE II.

*Des Proclamations du Roi, portées aux
deux Chambres.*

ARTICLE 1er (8).

Les proclamations du Roi sont portées aux deux Chambres par des commissaires.

ii (9).

Ces commissaires sont reçus au haut
de l'escalier, et introduits par le Grand-

Référendaire dans la Chambre des Pairs. Les Questeurs reçoivent et introduisent de même les commissaires envoyés à la Chambre des Députés.

III (10).

Les proclamations sont remises par les commissaires au président, qui en fait lecture toute affaire cessante.

IV (11).

La Chambre se sépare à l'instant, si la proclamation ordonne la clôture de la session, l'ajournement ou la dissolution de la Chambre.

V (12).

Les commissaires du Roi se placent sur des sièges qui leur sont réservés vis-à-vis le Bureau.

TITRE III.

Des messages du Roi, de la forme des lois proposées par le Roi, et de l'acceptation des Chambres.

ARTICLE Ier (13).

Les messages du Roi contenant des

propositions de lois sont portés aux Chambres par ses Ministres, qui pourront être assistés de commissaires envoyés par le Roi.

II (14).

La loi proposée est rédigée en forme de loi signée par le Roi, contre-signée par un Ministre, et adressée à la Chambre à qui le Roi l'envoie.

III (15).

Les Chambres ne motivent ni leur acceptation ni leur refus; elles disent seulement, *la Chambre a adopté*, ou *la Chambre n'a pas adopté*.

IV (16).

La loi qui n'est point adoptée ne donne lieu à aucun message ni à aucune mention sur les registres de la Chambre.

V (17).

La Chambre qui adopte une proposition de loi en fait dresser la minute signée de son président et de ses secrétaires, pour être déposée dans ses archives, et en adresse au Roi une expédition

signée de même, et qui lui est portée par
le président et les secrétaires de la Chambre.

VI (18).

Lorsqu'une Chambre supplie le Roi
de proposer une loi, elle en donne connoissance à l'autre Chambre; et si la
demande y est également adoptée, elle
adresse un message au Roi par la voie
de son président et de ses secrétaires.

TITRE IV.

De la sanction et de la publication des lois.

ARTICLE Ier (19).

Le Roi refuse sa sanction par cette
formule, *le Roi s'avisera*; et s'il n'adopte
point les propositions et suppliques qui
lui sont faites, il dit: *le Roi veut en délibérer.*

II (20).

Cette déclaration des volontés du Roi
est notifiée à la Chambre des Pairs par
le Chancelier, et à celle des Députés,

par une lettre des Ministres adressée au président.

III (21).

Le Roi sanctionne la loi qu'il a proposée en faisant inscrire sur la minute, que ladite loi, *discutée*, *délibérée*, *et adoptée* par les deux Chambres, sera publiée et enregistrée pour être exécutée comme loi de l'État.

IV (22).

Les lois proposées par le Roi, sur la demande des deux Chambres, sont publiées et sanctionnées dans la même forme que celles proposées de propre mouvement.

TITRE V.

Communications des Chambres avec le Roi, et des Chambres entre elles.

ARTICLE Ier (23).

Le Roi communique avec la Chambre des Pairs, et cette Chambre communique avec le Roi par le Chancelier, et en son absence par le vice-président.

II (24).

Les communications du Roi avec la Chambre des Députés se font par la voie des Ministres, et celles de la Chambre avec le Roi, par l'intermédiaire du président de la Chambre ou des vice-présidents.

III (25).

Les Chambres communiquent entre elles par l'intermédiaire de leurs présidents, dont les lettres sont portées par des messagers d'État précédés par deux huissiers.

IV (26).

Ces messagers sont reçus au bas de l'escalier et introduits dans la Chambre par des huissiers : ils remettent leurs lettres aux secrétaires qui les transmettent au président, et ils se retirent avec les mêmes honneurs, après avoir reçu acte de leur message.

v (27).

Les Chambres ne peuvent jamais se réunir. Toute délibération à laquelle un membre d'une autre Chambre auroit concourue, est nulle de plein droit.

TITRE VI.

Des Adresses.

ARTICLE Ier (28).

Les adresses que les Chambres font au Roi doivent être délibérées et discutées dans les formes prescrites pour les propositions des lois.

II (29).

Ces adresses sont portées au Roi par une grande ou par une simple députation, selon qu'il plaît au Roi.

III (30).

La simple députation est composée du président et de deux secrétaires ; vingt-cinq membres de la Chambre, y compris le président et les secrétaires, forment la grande députation.

IV (31).

Aucune Chambre ne peut, dans aucun cas, faire des adresses au peuple.

TITRE VII.

Dispositions générales.

ARTICLE Ier (32).

La Chambre des Pairs, ni celle des Députés, ne se montrent jamais, en corps, hors du lieu de leurs séances.

II (33).

Elles n'envoient de députations qu'au Roi, et avec sa permission expresse. Elles peuvent députer vers les Princes et Princesses de la Famille royale lorsqu'elles y sont autorisées par le Roi.

III (34).

L'habit de cérémonie des Pairs et celui des Députés seront réglés par une disposition particulière.

IV (35).

Le présent règlement sera porté à la Chambre des Pairs, par notre Chancelier, et à celle des Députés par notre Ministre de l'intérieur.

DONNÉ à Paris le 28ᵉ jour du mois de juin, l'an de grace 1814 et de notre règne le 20ᵉ.

Signé LOUIS.

Et plus bas :

Signé L'ABBÉ DE MONTESQUIOU.

Le présent règlement, discuté, délibéré, et adopté dans les deux Chambres, sera publié et enregistré pour être exécuté comme loi de l'État.

DONNÉ au château des Tuileries, le 13ᵉ jour du mois d'août de l'an de grace 1814.

Signé LOUIS.

Et plus bas,

Par le Roi :

Signé L'ABBÉ DE MONTESQUIOU.

ORDONNANCE DU ROI,

CONTENANT la liste des personnes qui ne font plus partie de la Chambre des Pairs.

24 juillet 1815.

LOUIS, PAR LA GRACE DE DIEU, ROI DE FRANCE ET DE NAVARRE;

A tous ceux qui ces présentes verront, SALUT :

Il nous a été rendu compte que plusieurs membres de la Chambre des Pairs ont accepté de siéger dans une soi-disant Chambre des Pairs, nommés et assemblés par l'homme qui avoit usurpé le pouvoir dans nos États depuis le 20 mars jusqu'à notre rentrée dans le Royaume. Il est hors de doute que des Pairs de France, tant qu'ils n'ont pas encore été rendus héréditaires, ont pu et peuvent donner leur démission, puisqu'en cela ils ne font que disposer d'intérêts qui leur sont purement personnels. Il est également évident que l'acceptation de fonctions incompatibles avec la dignité dont on est revêtu suppose et entraîne la démission de cette dignité ; et, par conséquent, les Pairs qui se trouvent dans le cas ci-dessus énoncé ont réellement abdiqué leur rang, et sont démissionnaires, de fait, de la Pairie de France.

A CES CAUSES,

NOUS AVONS ORDONNÉ ET ORDONNONS ce qui suit :

ARTICLE Ier.

Ne font plus partie de la Chambre des Pairs, les dénommés ci-après :

Le Comte Clément de Ris.

Le Comte Colchen.

Le Comte Cornudet.

Le Comte d'Aboville.

Le Maréchal Duc de Dantzick.

Le Comte de Croix.

Le Comte Dedelay-d'Agier.

Le Comte Dejean.

Le Comte Fabre de l'Aude.

Le Comte Gassendi.

Le Comte Lacépède.

Le Comte de Latour-Maubourg.

Le Duc de Praslin.

Le Duc de Plaisance.

Le Maréchal Duc d'Elchingen.

Le Maréchal Duc d'Albuféra.

Le Maréchal Duc de Conégliano.

Le Maréchal Duc de Trévise.

Le Comte de Barral, Archevêque de Tours.

Le Comte Boissy-d'Anglas.

Le Duc de Cadore.

Le Comte de Canclaux.

Le Comte Casa-Bianca.

Le Comte de Montesquiou.

Le Comte de Pontécoulant.

Le Comte Rampon.

Le Comte de Ségur.

Le Comte de Valence.

Le Comte Belliard.

2.

Pourront cependant être exceptés de la disposition ci-dessus énoncée ceux des dénommés qui justifieront n'avoir ni siégé ni voulu siéger dans la soi-disant Chambre des Pairs à laquelle ils avoient été appelés, à la charge par eux de faire cette justification dans le mois qui suivra la publication de la présente ordonnance.

3.

Notre Président du Conseil des Ministres est chargé de l'exécution de la présente ordonnance.

Donné au château des Tuileries, le 24 juillet de l'an de grace 1815, et de notre règne le 21.e.

Signé LOUIS.

Par le Roi :

Signé LE PRINCE DE TALLEYRAND.

~~~~~~~~~~~~~~~~~~~~~~~~~~~~~~~~~~~~~

ORDONNANCE DU ROI,

Qui déclare applicable au comte de CANCLAUX l'exception portée dans l'article 2 de l'ordonnance du 24 juillet 1815.

<div align="right">10 août 1815.</div>

LOUIS, PAR LA GRACE DE DIÉU, ROI DE FRANCE, ET DE NAVARRE;

A tous ceux qui ces présentes verront, SALUT :

Vu la réclamation à nous présentée par le comte de Canclaux, en vertu de l'art. 2 de notre ordonnance du 24 juillet dernier ;

Vu les certificats à l'appui de ladite réclamation, desquels il suit que ledit comte de Canclaux a refusé de recevoir la lettre close à lui adressée par Napoléon Bonaparte, de prêter le serment qui y étoit exigé, et de prendre aucune part aux délibérations de la prétendue Chambre des Pairs.

Considérant que, d'après ces preuves, il est constant que le comte de Canclaux n'a ni siégé, ni voulu siéger dans la soi-disant Chambre des Pairs formée et convoquée par Napoléon Bonaparte.

Avons ORDONNÉ ET ORDONNONS ce qui suit :

ARTICLE Ier.

L'exception portée dans l'article 2 de notre ordonnance du 24 juillet dernier, en faveur des membres de notre Chambre des Pairs qui n'ont ni siégé, ni voulu siéger dans la soi-disant Chambre des

Pairs, à laquelle ils ont été appelés par Napoléon Bonaparte, est applicable au comte de Canclaux. En vertu de quoi nous révoquons, en ce qui le concerne, les dispositions de l'article premier de ladite ordonnance, qui sortira d'ailleurs son plein et entier effet.

2.

Notre Ministre secrétaire d'État au département des affaires étrangères, Président du Conseil des Ministres, est chargé de l'exécution des présentes.

Donné à Paris en notre château des Tuileries, le 10 août 1815, et de notre règne le 21e.

Signé LOUIS.

Par le Roi:

Signé LE PRINCE DE TALLEYRAND.

ORDONNANCE DU ROI, .

Qui déclare applicable au comte d'Aboville l'exception portée dans l'article 2 de l'ordonnance du 24 juillet 1815.

14 août 1815.

LOUIS, PAR LA GRACE DE DIEU, ROI DE FRANCE ET DE NAVARRE ;

A tous ceux qui ces présentes verront, SALUT :

Vu la réclamation à nous présentée par le lieutenant-général en nos armées, comte d'Aboville, en vertu de l'article 2 de notre ordonnance du 24 juillet dernier ;

Vu les certificats à l'appui de ladite réclamation, et desquels il résulte que ledit comte d'Aboville n'a ni siégé ni voulu siéger dans la soi-disant Chambre des Pairs, formée et convoquée par Napoléon Bonaparte.

Avons ordonné et ordonnons ce qui suit :

ARTICLE 1ᵉʳ.

L'exception portée dans l'article 2 de notre ordonnance du 24 juillet dernier, en faveur des membres de notre Chambre des Pairs qui n'ont ni siégé ni voulu siéger dans la soi-disant Chambre des Pairs, à laquelle ils ont été appelés par Napoléon Bonaparte, est applicable au comte d'Aboville; en vertu de quoi nous révoquons, en ce qui le concerne, les dispositions de l'article premier de ladite ordonnance, qui sortira d'ailleurs son plein et entier effet.

2.

Notre Ministre secrétaire d'État au département des affaires étrangères, Président du Conseil des Ministres, est chargé de l'exécution des présentes.

Donné à Paris, en notre château des Tuileries, le 14 août de l'an de grace 1815, et de notre règne le 21ᵉ.

Signé LOUIS.

Par le Roi:

Signé LE PRINCE DE TALLEYRAND.

ORDONNANCE DU ROI,

Portant nomination de Pairs de France.

17 août 1815.

LOUIS, PAR LA GRACE DE DIEU, ROI DE FRANCE ET DE NAVARRE;

En vertu de l'article 27 de la Charte constitutionnelle,

Avons ordonné et ordonnons ce qui suit :

Sont nommés Membres de la Chambre des Pairs,

MM.

Le Marquis d'Albertas.
Le Marquis d'Aligre.
Le Duc d'Aumont.
Le Comte Charles d'Autichamp.
Le Marquis d'Avarai.
De Bausset, ancien évêque d'Alais.

MM.

Berthier, fils aîné du Maréchal Berthier, Prince de Wagram, qui prendra séance à l'âge prescrit par la Charte constitutionnelle.

Bessières, fils aîné du Maréchal Bessières, Duc d'Istrie, qui prendra séance à l'âge prescrit par la Charte constitutionnelle.

Le Comte Boissy-d'Anglas.

Le Marquis de Boisgelin (Bruno).

Le Comte de La Bourdonnaye-Blossac.

De Boissy du Coudray.

Le Baron Boissel de Monville.

Le Marquis de Bonnay, ministre plénipotentiaire du Roi en Danemarck.

Le Marquis de Brézé.

Le Comte de Brigode, maire de Lille.

Le Comte de Blacas.

Le Prince de Bauffremont.

Le Duc de Bellune.

Le Comte de Clermont-Tonnerre, officier des mousquetaires gris.

Le Duc de Caylus.

Le Comte du Cayla.

MM.

Le Comte de Castellanne, ancien préfet de Pau.

Le Vicomte de Châteaubriant.

Le Comte de Choiseul-Gouffier.

Le Comte de Contades.

Le Comte de Crillon.

Le Comte Victor de Caraman, Ministre de Sa Majesté près le Roi de Prusse.

Le Marquis de Chabannes.

Le Comte de La Châtre, ambassadeur du Roi en Angleterre.

Le Général Compans.

Le Comte de Durfort, capitaine lieutenant des gendarmes de la garde du Roi.

Emmanuel Dambray.

Le Comte Étienne de Damas.

Le Chevalier Dandigné.

Le Duc de Dalberg, qui prendra séance lorsqu'il aura reçu ses lettres de grande naturalisation.

Le Comte d'Ecquevilly.

Le Comte François d'Escars.

·MM.

Le Comte Ferrand.

Le Marquis de Frondeville, ancien préfet de l'Allier.

Le Comte de La Feronnais.

Le Comte de Gand.

Le Marquis de Gontaut-Biron, fils aîné.

Le Comte de La Guiche.

Le Marquis de Grave.

L'Amiral Gantheaume.

Le Comte d'Haussonville.

Le Marquis d'Herbouville, ancien préfet de Lyon.

Le Marquis de Juigné.

Le Comte de Lally-Tollendal.

Lannes, fils aîné du Maréchal Lannes, Duc de Montebello, qui prendra séance à l'âge prescrit par la Charte constitutionnelle.

Le Marquis de Louvois.

Christian de Lamoignon.

Le Comte de La Tour du Pin-Gouvernet.

MM.

Le Comte Lauriston.
Le Comte de Machaut d'Arnouville.
Le Marquis de Mortemart.
Le Comte Molé, directeur général des
    ponts et chaussées.
Le Marquis de Mathan.
Le Comte de Mailly.
Le Vicomte Mathieu de Montmorency.
Le Comte de Mun.
Le Comte du Muy.
Le Général Monnier.
Le Comte de Sainte-Maure-Montau-
    sier.
L'Abbé de Montesquiou.
Le Comte de Nicolaï (Théodore).
Le Comte de Noé.
Le Comte de Narbonne-Pelet.
Le Marquis d'Orvilliers.
Le Marquis d'Osmond, ambassadeur
    près S. M. le Roi de Sardaigne.
Le Comte Jules de Polignac.
Le Marquis de Raigecourt.
Le Baron de La Rochefoucauld.

MM.

Le Comte de Rougé, des Cent-suisses.

Le Comte de La Roche-Jacquelin, fils aîné de feu le Marquis de La Roche-Jacquelin.

Le Général Ricart.

Le Marquis de Rivière

Le Comte de La Roche-Aimon.

De Saint-Roman.

Le Comte de Reuilly.

Le Peletier de Rosambo.

Le Comte de Sabran, maréchal-de-camp.

De Sèze, premier président de la cour de cassation.

Le Baron Seguier, premier président de la cour royale de Paris.

Le Comte de Suffren Saint-Tropez.

Le Marquis de La Suze.

Le Comte de Saint-Priest.

Le Marquis de Talaru.

Le Comte Auguste de Talleyrand, ministre de S. M. en Suisse.

Le Marquis de Vence.

MM.

De Vibraye, l'aîné de la branche aînée.
Le Vicomte Olivier de Verac.
Morel de Vindé.

DONNÉ en notre château des Tuileries, le 17 août 1815.

Signé LOUIS.

Par le Roi :

Signé LE PRINCE DE TALLEYRAND.

ORDONNANCE DU ROI,
CONCERNANT l'hérédité de la Pairie.

19 août 1815.

LOUIS, PAR LA GRACE DE DIEU, ROI
DE FRANCE ET DE NAVARRE ;

A tous ceux qui ces présentes verront,
SALUT :

Voulant donner à nos peuples un

nouveau gage du prix que nous mettons à fonder de la manière la plus stable les institutions sur lesquelles repose le gouvernement que nous leur avons donné, et que nous regardons comme le seul propre à faire leur bonheur; convaincus que rien ne consolide plus le repos des États que cette hérédité des sentiments qui s'attache dans les familles à l'hérédité des hautes fonctions publiques, et qui crée ainsi une succession non interrompue de sujets dont la fidélité et le dévouement au Prince et à la patrie sont garantis par les principes et les exemples qu'ils ont reçus de leurs pères;

A ces CAUSES, usant de la faculté que nous nous sommes réservée par l'art. 27 de la Charte,

NOUS AVONS DÉCLARÉ ET DÉCLARONS, ORDONNÉ ET ORDONNONS ce qui suit:

ARTICLE Ier.

La dignité de Pair est et demeurera héréditaire, de mâle en mâle, par ordre de primogéniture, dans la famille des

Pairs qui composent actuellement notre Chambre des Pairs.

2.

La même prérogative est accordée aux Pairs que nous nommerons à l'avenir.

3.

Dans le cas où la ligne directe viendroit à manquer dans la famille d'un Pair, nous nous réservons d'autoriser la transmission du titre dans la ligne collatérale qu'il nous plaira de désigner ; auquel cas, le titulaire ainsi substitué jouira du rang d'ancienneté originaire de la Pairie dont il se trouvera revêtu.

4.

Pour l'exécution de l'article ci-dessus, il nous sera présenté incessamment un projet d'ordonnance portant réglement, tant sur la forme dans laquelle devra être tenu le registre-matricule où seront inscrites, par ordre de date, les nominations de Pairs qu'il nous a plu ou qu'il nous plaira de faire ; que sur le mode d'expédition et sur la forme des lettres-patentes qui devront être délivrées aux

Pairs, en raison de leur élévation à la Pairie.

5.

Les lettres-patentes délivrées en exécution de l'article ci-dessus porteront toutes collation d'un titre sous lequel sera instituée chaque Pairie.

6.

Ces titres seront ceux de Baron, Vicomte, Comte, Marquis, et Duc.

7.

Nous nous réservons, suivant notre bon plaisir, de changer le titre d'institution des Pairies, en accordant un titre supérieur à celui de la Pairie originaire.

8.

Notre Président du Conseil des Ministres est chargé de l'exécution de la présente Ordonnance.

Donné à Paris, au château des Tuileries, le 19 août de l'an de grace 1815, et de notre règne le 21°.

Signé LOUIS.

Par le Roi :

Signé LE PRINCE DE TALLEYRAND.

~~~~~~

ORDONNANCE DU ROI,

PORTANT nomination du sieur LYNCH, Maire de Bordeaux, au titre de Pair de France.

————

17 septembre 1815.

LOUIS, PAR LA GRACE DE DIEU, ROI DE FRANCE ET DE NAVARRE;

A tous ceux qui ces présentes verront, SALUT:

NOUS AVONS NOMMÉ ET NOMMONS membre de la Chambre des Pairs le sieur Lynch, maire de notre bonne ville de Bordeaux.

DONNÉ en notre château des Tuileries, le 17 septembre de l'an de grace 1815, et de notre règne le 21e.

Signé LOUIS.

Et plus bas:

Signé LE PRINCE DE TALLEYRAND.

~~~~~~

ORDONNANCE DU ROI,

Qui autorise les Princes de la Famille et du Sang royal à prendre séance à la Chambre des Pairs durant la session de 1815.

———

6 octobre 1815.

LOUIS, PAR LA GRACE DE DIEU, ROI DE FRANCE ET DE NAVARRE;

A tous ceux qui ces présentes verront, SALUT :

NOUS AVONS ORDONNÉ ET ORDONNONS ce qui suit :

ARTICLE Ier.

Conformément à l'article 31 de la Charte constitutionnelle, les Princes de notre Famille et de notre sang prendront, pendant la présente session, à la Chambre des Pairs, le rang et séance qui leur appartient par droit de naissance.

2.

Les présentes seront insérées au Bulletin des lois.

Donné à Paris, en notre château des Tuileries, le 6ᵉ jour du mois d'octobre de l'an de grace 1815, et de notre règne le 21ᵉ.

Signé LOUIS.

Et plus bas,

Par le Roi :

Le Ministre secrétaire d'État au département de l'intérieur,

Signé VAUBLANC.

~~~~~~

ORDONNANCE DU ROI,

Qui autorise en faveur de M. le comte Louis-
Desiré de Montholon, la transmission hé-
réditaire du titre de Pairie dont est revêtu
M. le comte de Sémonville, son beau-père.

———————

8 novembre 1815.

LOUIS, par la grace de Dieu, Roi
de France et de Navarre;

A tous ceux qui ces présentes verront,
salut :

Sur le rapport de notre Garde des
sceaux, Ministre secrétaire d'État au
département de la justice,

Nous avons ordonné et ordonnons ce
qui suit :

ARTICLE Ier.

Les rang, titre et qualité de Pair du
Royaume, qu'il nous a plu accorder,

par notre ordonnance du 4 juin 1814, à notre amé le comte de Sémonville, seront transmis héréditairement au comte Louis-Desiré de Montholon, son beau-fils, dans le cas où ledit sieur comte de Sémonville, titulaire actuel, viendroit à décéder sans postérité mâle, naturelle, et légitime.

2.

Voulons et ordonnons que ladite transmission, aux conditions et dans le cas ci-dessus énoncés, soit mentionnée et autorisée dans les lettres-patentes signées de notre main et scellées de notre grand sceau, qui seront délivrées audit sieur comte de Sémonville, en sa qualité de Pair de France.

3.

Notre Garde des sceaux, Ministre secrétaire d'État au département de la justice, est chargé de l'exécution des présentes.

Donné au château des Tuileries, le

8 novembre de l'an de grace 1815, de notre règne le 21e.

Signé LOUIS.

Par le Roi :

Le Garde des sceaux de France, Ministre secrétaire d'État au département de la justice,

Signé BARBÉ-MARBOIS.

~~~~~~~~~~~~~~~~~~~~~~~~~~~~~

ORDONNANCE DU ROI,

Qui charge la Chambre de procéder sans délai au jugement du Maréchal NEY.

—

11 novembre 1815.

LOUIS, PAR LA GRACE DE DIEU, ROI DE FRANCE ET DE NAVARRE ;

A tous présents et à venir, SALUT :

Vu l'art. 33 de la Charte constitutionnelle,

Nos Ministres entendus,

Nous avons ordonné et ordonnons ce qui suit :

La Chambre des Pairs procédera sans délai au jugement du Maréchal Ney, accusé de haute trahison, et d'attentat contre la sûreté de l'État. Elle conservera pour ce jugement les mêmes formes que pour les propositions de lois, sans néanmoins se diviser en bureaux.

Le Président de la Chambre interrogera l'accusé, entendra les témoins, et dirigera les débats.

Les opinions seront prises suivant les formes usitées dans les tribunaux.

La présente ordonnance sera portée à la Chambre des Pairs par nos Ministres secrétaires d'État, et par notre procureur-général près notre cour royale de Paris, que nous chargeons de soutenir l'accusation et la discussion.

Donné en notre château des Tuileries, le 11ᵉ jour du mois de novembre de l'an de grace 1815, et de notre règne le 21ᵉ.

Signé LOUIS.

Par le Roi :

Le Ministre secrétaire d'État au département des affaires étran- gères, Président du Conseil,

Signé RICHELIEU.

~~~~~~~~~~~~~~~~~~~~~~~~~~~~~~~~~~

ORDONNANCE DU ROI,

Qui détermine les formes à suivre dans le ju- gement du Maréchal NEY.

———

<div align="center">12 novembre 1815.</div>

LOUIS, PAR LA GRACE DE DIEU, ROI DE FRANCE ET DE NAVARRE;

A tous présents et à venir, SALUT :

Par notre ordonnance du 11 de ce mois, nous avons déterminé que la Chambre des Pairs, dans l'exercice des fonctions judiciaires qui lui sont attribuées, conserveroit son organisation habituelle, et nous avons déja prescrit les principales formes de l'instruction et du jugement.

Voulant donner à notredite ordonnance les développements nécessaires;

Voulant donner aussi au débat qui doit précéder le jugement la publicité prescrite par l'art. 64 de la Charte constitutionnelle;

Nous avons ordonné et ordonnons ce qui suit:

ARTICLE Ier.

La procédure sera instruite sur le réquisitoire de notre procureur en la cour royale de Paris, l'un des commissaires délégués par notre ordonnance susdite.

2.

Les témoins seront entendus, et le prévenu sera interrogé par notre Chancelier, Président de la Chambre des Pairs, ou par celui des Pairs qu'il aura commis. Procès-verbal sera dressé de tous les actes d'instruction; dans les formes établies par le Code d'instruction criminelle.

3.

Les fonctions attribuées par la loi aux greffiers des cours et tribunaux dans les affaires criminelles seront exercées pas le Secrétaire-archiviste de la Chambre des Pairs, lequel pourra s'adjoindre un commis assermenté.

4.

L'instruction, étant terminée, sera communiquée à nos commissaires, qui dresseront l'acte d'accusation.

5.

Cet acte d'accusation sera présenté à la Chambre des Pairs, qui décernera s'il y a lieu l'ordonnance de prise de corps, et fixera le jour de l'ouverture des débats.

6.

L'acte d'accusation, l'ordonnance de prise de corps, et la liste des témoins seront notifiés à l'accusé par un huissier de la Chambre des Pairs. Il lui sera également donné copie de la procédure.

7.

Les débats seront publics. Au jour fixé par la Chambre des Pairs, l'accusé comparoîtra assisté de son conseil. L'un de nos commissaires remplira les fonctions du ministère public.

8.

Il sera procédé à l'audition des témoins, à l'examen, au débat, à l'arrêt, et à l'exécution dudit arrêt, suivant les formes prescrites pour les cours spéciales par le Code d'instruction criminelle. Néanmoins, si la Chambre des Pairs le décide, l'arrêt sera prononcé hors la présence de l'accusé, mais publiquement et en présence de ses conseils. En ce cas il lui sera lu et notifié à la requête du ministère public, par le greffier qui en dressera procès - verbal.

Donné en notre château des Tuileries,

le 12 novembre de l'an de grace 1815, et de nôtre règne le 21e.

Signé LOUIS.

Par le Roi :

Le Ministre secrétaire d'État au département des affaires étrangères, Président du Conseil des Ministres,

Signé le duc de RICHELIEU.

ORDONNANCE DU ROI,

Qui confère le titre de Duc à M. le comte DE LA CHATRE.

29 novembre 1815.

LOUIS, PAR LA GRACE DE DIEU, ROI DE FRANCE ET DE NAVARRE;

A tous ceux qui ces présentes verront, SALUT:

Voulant donner à notre fidéle et amé comte de La Châtre, Pair de France, une marque spéciale de notre satisfaction pour le dévouement sans bornes dont il nous a donné des preuves multipliées, ainsi que pour les services qu'il nous a rendus, notamment pendant son ambassade près la Cour de Londres,

Nous avons ordonné et ordonnons ce qui suit :

Le comte de La Châtre, Pair de France, est créé Duc, pour jouir, lui et ses descendants en ligne directe, de mâle en mâle, par ordre de primogéniture, des honneurs et prérogatives attachés à ce rang, à charge par lui de se conformer aux lois du Royaume à ce relatives, et notamment aux dispositions de notre ordonnance du 19 août de cette année.

Donné à Paris, le 29ᵉ jour de novembre, l'an de grace 1815, et de notre règne le 21ᵉ.

Signé LOUIS.

Par le Roi :

Le Ministre secrétaire d'État au département des affaires étrangères,
Président du Conseil des Ministres,
Signé RICHELIEU.

ORDONNANCE DU ROI,

PORTANT que la qualification de Comte, sous
laquelle M. DE LA GUICHE a été nommé Pair
de France, sera rectifiée et remplacée par
celle de Marquis.

———

9 décembre 1815.

LOUIS, PAR LA GRACE DE DIEU, ROI
DE FRANCE ET DE NAVARRE;

A tous présents et à venir, SALUT:

Sur le rapport de notre Garde des
sceaux, Ministre secrétaire d'État au département de la justice,

NOUS AVONS ORDONNÉ ET ORDONNONS
ce qui suit:

La qualification de Comte, sous laquelle notre amé Louis-Henri-Casimir
de La Guiche a été nommé Pair de France
par notre ordonnance du 17 août der-

nier, sera rectifiée et remplacée par celle de Marquis.

Notre Garde des sceaux, Ministre secrétaire d'État au département de la justice, est chargé de l'exécution de la présente ordonnance.

Donné à Paris le 9ᵉ jour du mois de décembre, l'an de grace 1815, et de notre règne le 21ᵉ.

Signé LOUIS.

Par le Roi :

Le Garde des sceaux de France, Ministre secrétaire d'État au département de la justice,

Signé MARBOIS.

ORDONNANCE DU ROI,

Qui autorise en faveur de M. Henri-Raimond, comte Patron d'Aux de Lescout, la transmission héréditaire du titre de Pairie dont est revêtu M. le comte de Lally-Tolendal, son beau-père

———

Aux Tuileries, le 13 décembre 1815.

LOUIS, par la grace de Dieu, Roi de France et de Navarre;

A tous ceux qui ces présentes verront, salut:

Sur le rapport de notre Garde des sceaux, Ministre secrétaire d'État au département de la justice,

Nous avons ordonné et ordonnons ce qui suit:

ARTICLE Ier.

Les rang, titre, et qualité de Pair du Royaume qu'il nous a plu accorder, par notre ordonnance du 17 août 1815, à notre cher et amé Trophime-Gérard, comte de Lally-Tolendal, un de nos Ministres d'État, seront transmis héréditairement à notre amé Henri-Raimond, comte Patron d'Aux de Lescout, gendre dudit sieur comte de Lally-Tolendal, dans le cas où ce dernier viendroit à décéder sans postérité mâle, naturelle, et légitime; et alors ledit sieur d'Aux s'appelleroit le comte d'Aux-Lally, et joindroit, dans son écusson, à ses propres armes celles de son beau-père.

2.

Voulons et ordonnons que ladite transmission, aux conditions et dans les cas ci-dessus énoncés, soit mentionnée et autorisée dans les lettres-patentes signées et scéllées de notre grand sceau, qui seront délivrées audit sieur comte de Lally-Tolendal, en sa qualité de Pair de France.

3.

Notre Garde des sceaux, Ministre secrétaire d'État au département de la justice, est chargé de l'exécution des présentes.

Signé LOUIS.

Par le Roi :

Le Garde des sceaux de France, Ministre secrétaire d'État au département de la justice,

Signé Barbé-Marbois.

~~~~~~

ORDONNANCE DU ROI,

Portant que la qualification de Comte, sous laquelle M. de Rougé a été nommé Pair de France, sera rectifiée et remplacée par celle de Marquis.

<div align="center">

———

20 décembre 1815.

</div>

LOUIS, par la grace de Dieu, Roi de France et de Navarre;

A tous présents et à venir, salut :

Vu la requête du sieur Bonabé-Louis-Victurnien-Alexis, Marquis de Rougé, Pair de France, par laquelle il repré-

sente qu'il a été désigné par erreur sous
la qualification de Comte de Rougé dans
notre ordonnance du 17 août dernier,
portant nomination de Pairs de France,
et nous supplie d'ordonner en ce qui le
concerne la rectification de ladite ordonnance;

Vu les actes par lui produits, desquels
il résulte qu'il est l'aîné mâle de la branche aînée de sa maison, et que ses ascen-
dants, jusques et compris son bisaïeul,
ont été et qu'il est lui-même en possession du titre de Marquis;

Sur le rapport de notre Garde des
sceaux, Ministre secrétaire d'État au
département de la justice,

Nous avons ordonné et ordonnons ce
qui suit:

ARTICLE 1er.

Notre ordonnance susdite, du 17 août
dernier, est rectifiée en ce qui concerne
la désignation dudit sieur Bonabé-Louis-
Victurnien-Alexis de Rougé par le titre
de Comte de Rougé, auquel sera substitué celui de Marquis de Rougé.

2.

Le Grand-référendaire de la Cham-

bre des Pairs fera faire, sur les registres
de la Chambre, par le Secrétaire-archiviste, toutes les rectifications et mentions nécessaires pour la désignation
dudit sieur de Rougé par le titre de Marquis de Rougé; il sera, à cet effet, adressé
une expédition de la présente ordonnance au Grand-référendaire par notre
Garde des sceaux, Ministre secrétaire
d'État de la justice.

3.

Notre Garde des sceaux, Ministre secrétaire d'État au département de la
justice, est chargé de l'exécution de la
présente ordonnance.

Donné au château des Tuileries, le
20ᵉ jour du mois de décembre de
l'an de grace 1815, et de notre règne
le 21ᵉ.

Signé LOUIS.

Par le Roi :

*Le Garde des sceaux, Ministre secré-
taire d'État au département de la
justice,*

Signé BARBÉ-MARBOIS.

~~~~~~

ORDONNANCE DU ROI,

Qui autorise en faveur de M. le comte Archam-baud-Joseph de Talleyrand - Périgord, la transmission héréditaire de la dignité de Pair, et du titre de Prince dont est revêtu le Prince de Talleyrand, son frère.

———

25 décembre 1815.

LOUIS, par la grace de Dieu, Roi de France et de Navarre;

A tous présents et à venir, salut :

Sur le rapport de notre Garde des sceaux, Ministre secrétaire d'État de la justice, et voulant donner à notre cousin le Prince de Talleyrand un témoignage de notre satisfaction,

Nous avons ordonné et ordonnons ce qui suit :

ARTICLE 1er.

La dignité de Pair de notre Royaume et le titre de Prince dont notre cousin le prince de Talleyrand est revêtu, sont, à défaut de descendants mâles issus de lui, déclarés transmissibles, et après son décès passeront, avec les rang, honneurs et prérogatives y attachés, à son frère le sieur comte Archambaud - Joseph de Talleyrand - Périgord, et à la descendance directe, légitime et naturelle, de mâle en mâle, par ordre de primogéniture, de sondit frère.

2.

Les dispositions de notre présente ordonnance seront réitérées et consignées dans les lettres-patentes signées de notre main et scellées de notre grand sceau, qui doivent être délivrées à notre cousin le prince de Talleyrand en sa qualité de Pair de France, conformément à notre ordonnance du 19 août dernier.

3.

Notre Garde des sceaux, Ministre secrétaire d'État au département de la justice, est chargé de l'exécution de la présente ordonnance.

DONNÉ à Paris, au château des Tuileries, le 25 décembre de l'an de grace 1815, et de notre règne le 21e.

Signé LOUIS.

Par le Roi :

Le Garde des sceaux, Ministre secrétaire d'État au département de la justice,

Signé BARBÉ-MARBOIS.

~~~~~~~~~~~~~~~~~~~~~~~~~~~~~~~~~~~~~~

ORDONNANCE DU ROI,

Qui confère le titre de Duc à M. le comte ÉTIENNE DE DAMAS-CRUX.

———

<div style="text-align: right">26 décembre 1815.</div>

LOUIS, PAR LA GRACE DE DIEU, ROI DE FRANCE ET DE NAVARRE ;

A tous ceux qui ces présentes verront, SALUT :

Voulant donner à notre fidèle et amé

le comte Étienne de Damas-Crux, Pair
de France, Lieutenant-général de nos
armées, Grand'croix de l'ordre royal
et militaire de Saint-Louis, premier
gentilhomme de la chambre de notre
cher et bien-aimé neveu le duc d'Angoulême, une marque spéciale de notre
satisfaction pour ses bons et loyaux services, et le dévouement sans bornes
dont il nous a donné des preuves, notamment en secondant les glorieux ef-
forts de ce Prince, dans les circonstances
difficiles où la France s'est trouvée pla-
cée au commencement de la présente
année;

Nous avons ordonné et ordonnons ce
qui suit:

Le comte Étienne de Damas-Crux est
créé Duc, pour jouir, lui et ses descendants en ligne directe, de mâle en mâle,
par ordre de primogéniture, des honneurs et prérogatives attachés à ce rang,
à charge, par lui, de se conformer aux
lois du Royaume à ce relatives, et notamment aux dispositions de notre ordonnance du 19 août dernier.

Donné à Paris, le 26ᵉ jour du mois de décembre de l'an de grace 1815; et de notre règne le 21ᵉ.

Signé LOUIS.

Par le Roi:

Signé RICHELIEU.

~~~~~~~~~~~~~~~~~~~~~~~~~~~~~~~~~~~~

ORDONNANCE DU ROI,

Qui autorise en faveur de M. Edmond Dalton de Lignères, la transmission du titre de Pairie dont est revêtu M. le comte Shée, son aïeul maternel.

———

26 décembre 1815.

LOUIS, par la grace de Dieu, Roi de France et de Navarre;

A tous ceux qui ces présentes verront, salut:

Sur le rapport qui nous a été fait par

notre Garde des sceaux de France, Ministre secrétaire d'État au département de la justice, et voulant donner à notre cher et amé le comte Henri Shée, Pair de France, des marques de notre bienveillance,

Nous avons ordonné et ordonnons ce qui suit :

ARTICLE Ier.

Le titre de Pair et celui de Comte dont notre cher et amé le sieur Shée est revêtu, sont déclarés transmissibles, et après son décès passeront, avec les rang, honneurs et prérogatives y attachés, à son petit-fils Edmond Dalton de Lignères, né, le 2 juin 1810, de Jacques-Wulfran, baron Dalton, et de Françoise Shée, aujourd'hui sa veuve.

2.

Nous autorisons ledit Edmond Dalton de Lignères à joindre à son nom propre celui de son aïeul maternel, et à prendre dès à présent le titre de Baron sous la dénomination de baron Dalton-

Shée de Lignères, en attendant qu'il re-
cueille l'effet de l'article précédent.

3.

Ladite dame Françoise Shée, veuve
du baron Dalton, est autorisée à prendre dès à présent le titre et les noms de
Baronne Dalton-Shée de Lignères.

4.

Les dispositions de la présente ordonnance, quant à la transmission de
la Pairie, du titre et du nom de notre
cher et amé le comte Shée en la personne de son petit-fils, seront réitérées
et consignées dans les lettres-patentes
qui doivent être délivrées audit comte
Shée en sa qualité de Pair de France,
conformément à notre ordonnance du
19 août 1815.

5.

Notre Garde des sceaux, Ministre secrétaire d'État au département de la justice, est chargé de l'exécution de la présente ordonnance.

Donné à Paris, le 26e jour de dé-

·cembre de l'an de grace 1815, et de notre règne le 21e.

Signé LOUIS.

Par le Roi :

Le Garde des sceaux, Ministre se-crétaire d'État au département de la justice,

Signé BARBÉ-MARBOIS.

~~~~~~~~~~~~~~~~~~~~~~~~~~~~~~~~~~~~~~

ORDONNANCE DU ROI,

PORTANT rectification de l'ordonnance du 17 août 1815, en ce qui concerne la désigna-tion de M. DE SAINT-ROMAN, lequel sera dé-nommé comte DE SAINT-ROMAN.

<div align="center">

27 décembre 1815.

</div>

LOUIS, PAR LA GRACE DE DIEU, ROI DE FRANCE ET DE NAVARRE ;

A tous présents et à venir, SALUT :

Vu la requéte du sieur Alexis-Jacques de Serre de Saint-Roman, Pair de France, par laquelle il représente que notre ordonnance du 17 août dernier, portant nomination de Pairs de France, ne lui donne pas le titre de Comte, dont il est cependant en possession, et demande, en ce qui le concerne, la rectification de ladite ordonnance;

Vu les actes par lui produits, et desquels il résulte qu'il est l'aîné mâle de la branche aînée de sa maison, et que le titre de Comte a été conféré à son grand-père, par lettres-patentes du mois de janvier 1766;

Sur le rapport de notre Garde des sceaux, Ministre secrétaire d'État,

Nous avons ordonné et ordonnons ce qui suit:

ARTICLE Iᶜʳ.

Notre ordonnance susdite du 17 août dernier est rectifiée en ce qui concerne la désignation dudit sieur de Saint-Roman, qui sera dénommé comte de Saint-Roman.

2.

Le Grand-référendaire de la Chambre des Pairs fera faire, sur les registres de la Chambre, par le Secrétaire-archiviste, toutes les rectifications et mentions nécessaires pour la désignation dudit sieur de Saint-Roman. Il sera à cet effet adressé une expédition de la présente ordonnance au Grand-référendaire par notre Garde des sceaux, Ministre secrétaire d'État.

3.

Notre Garde des sceaux, Ministre secrétaire d'État, est chargé de l'exécution de la présente ordonnance.

Donné au château des Tuileries, le 27e jour du mois de décembre de l'an de grace 1815, et de notre règne le 21e.

Signé LOUIS.

Par le Roi:

Le Garde des sceaux de France, Ministre secrétaire d'État,

Signé MARBOIS.

ORDONNANCE DU ROI,

Qui règle les formalités nécessaires pour constater l'état civil des Princes et Princesses de la Maison royale.

———

23 mars 1816.

LOUIS, PAR LA GRACE DE DIEU, ROI DE FRANCE ET DE NAVARRE ;

A tous ceux qui ces présentes verront, SALUT :

NOUS AVONS ORDONNÉ ET ORDONNONS ce qui suit :

ARTICLE 1ᵉʳ.

Notre Chancelier remplira, par rapport à Nous et aux Princes et Princesses de notre Maison, les fonctions attribuées par les lois aux officiers de l'état civil.

En conséquence il recevra les actes de naissance, de mariage, de décès, et

tous autres actes de l'état civil prescrits
ou autorisés par le Code civil.

2.

Ces actes seront transcrits sur un registre double, coté par première et dernière, et paraphé sur chaque feuille par
notre Chancelier. Ce registre sera tenu
par le Ministre et secrétaire d'État de
notre Maison; et, à son défaut, par le
Président de notre Conseil des Ministres.

3.

Ces doubles registres demeureront déposés aux archives de la Chambre des
Pairs jusqu'à ce qu'ils soient remplis en
entier. Le Garde des archives de ladite
Chambre délivrera les extraits des actes
y contenus, lesquels seront visés par
notre Chancelier.

4.

Lorsque ces registres seront finis, ils
seront clos et arrêtés par notre Chancelier; l'un des doubles sera déposé aux
archives du Royaume, et l'autre demeurera déposé aux archives de la Chambre
des Pairs.

5.

Nous indiquerons les témoins qui devront assister aux actes de naissance
et de mariage des Membres de notre Famille.

6.

Notre Chancelier, le Président de
notre Conseil des Ministres, et le Ministre et secrétaire d'État de notre Maison, sont chargés, chacun en ce qui le
concerne, de l'exécution de la présente
ordonnance.

Signé LOUIS.

Par le Roi :

*Le Ministre et secrétaire d'État au dé-
partement des affaires étrangères,
Président du Conseil des Ministres,*

Signé RICHELIEU.

ORDONNANCE DU ROI,

Qui détermine les formes d'admission des Pairs appelés dans la Chambre par droit d'hérédité.

———

23 mars 1816.

LOUIS, PAR LA GRACE DE DIEU, ROI DE FRANCE ET DE NAVARRE,

A tous ceux qui ces présentes verront, SALUT :

Voulant, à l'exemple des Rois nos prédécesseurs, pourvoir à tout ce qui peut rehausser la Pairie héréditaire créée par notre ordonnance du 19 août 1815, nous avons jugé qu'il importe que ceux qui sont appelés à la Pairie par leur naissance soient, avant d'être admis à l'honneur d'exercer leurs droits, reconnus dignes d'en remplir les hautes et importantes fonctions.

En conséquence, Nous avons ordonné et ordonnons ce qui suit:

ARTICLE Ier.

Le décès d'un Pair arrivant, son successeur à la Pairie se pourvoira près de nous pour obtenir notre agrément à l'effet de poursuivre sa réception.

2.

Il présentera ensuite sa requête à la Chambre des Pairs. Elle sera accompagnée des actes établissant son droit à la Pairie, ainsi que d'une liste de douze Pairs, choisis par lui pour lui servir de garants.

3.

La requête et les pièces seront remises aux archives: il en sera fait mention sur le registre.

4.

La requête présentée à la Chambre des Pairs sera lue dans une de ses plus prochaines séances: il sera nommé, par la voie du sort, une commission de trois membres, à l'effet de procéder à la vérification des titres justificatifs.

5.

Sur le rapport fait par un des membres de la commission, et les titres étant jugés valables par la Chambre, il sera choisi, par la voie du sort, six Pairs sur les douze portés dans la liste présentée par le nouveau Pair.

6.

Le Président interrogera les six Pairs séparement, et leur demandera de déclarer, sur leur honneur, si le nouveau Pair est digne d'être admis à prêter serment et à prendre séance.

7.

Sur leur déclaration affirmative unanime et signée d'eux, de laquelle il sera rendu compte à la Chambre par le Président, la Chambre fixera un jour pour la réception du nouveau Pair, et il y sera procédé conformément à l'article 78 du réglement intérieur.

8.

En cas que leur déclaration ne soit pas unanime, le Président en rendra compte à la Chambre, et la réception du nouveau Pair pourra être ajournée.

9.

Aucune des dispositions ci-dessus ne sauroit porter préjudice au droit d'hérédité et de successibilité à la Pairie.

10.

Notre Secrétaire d'État au département des affaires étrangères, Président du Conseil des Ministres, est chargé de l'exécution de la présente Ordonnance.

Donné à Paris, le 23 mars, l'an de grace 1816, et de notre règne le 21e.

Signé LOUIS.

Par le Roi :

Signé Richelieu.

ORDONNANCE DU ROI,

Qui nomme Pair de France M. Cortois de
Pressigny, ancien Évêque de Saint-Malo.

20 avril 1816.

LOUIS, par la grace de Dieu, Roi
de France et de Navarre;

A tous ceux qui ces présentes verront,
salut :

Nous avons nommé et nommons
membre de la Chambre des Pairs le
sieur Cortois de Pressigny, ancien Évêque de Saint-Malo, et notre ambassadeur extraordinaire près le Saint-Siége.

Donné en notre château des Tuileries,
le 20 avril de l'an de grace 1816, et de
notre règne le 21ᵉ.

Signé LOUIS.

Et plus bas,

Le Ministre des affaires étrangères,
Président du Conseil des Ministres,
Signé Richelieu.

ORDONNANCE DU ROI,

Qui nomme M. le duc DE MASSA membre de la Chambre des Pairs.

10 juillet 1816.

LOUIS, PAR LA GRACE DE DIEU, ROI DE FRANCE ET DE NAVARRE,

A tous ceux qui ces présentes verront, SALUT :

NOUS AVONS NOMMÉ ET NOMMONS le duc de Massa membre de la Chambre des Pairs.

Notre Ministre secrétaire d'État des affaires étrangères, Président du Conseil des Ministres, est chargé de l'exécution de la présente ordonnance.

DONNÉ en notre château des Tuileries, le 10 juillet de l'an de grace 1816, et de notre règne le 22e.

Signé LOUIS.

Et plus bas,

Signé RICHELIEU.

ORDONNANCE DU ROI,

RELATIVE aux actes de l'état civil de la Maison royale, antérieurs à l'ordonnance du 23 mars 1816.

———

21 mai 1817.

LOUIS, PAR LA GRACE DE DIEU, ROI DE FRANCE ET DE NAVARRE,

A tous ceux qui ces présentes verront, SALUT :

Sur ce qui nous a été représenté que par notre ordonnance du 23 mars 1816, communiquée le même jour à la Chambre des Pairs et à la Chambre des Députés, nous avons déterminé les formalités qui seroient observées à l'avenir pour constater l'état civil des Princes et Princesses de notre Maison, mais qu'il n'a été rien statué sur les actes dudit état civil antérieurs à notre ordonnance, et qui n'auroient point été passés dans la forme prescrite par les lois actuelles;

Voulant y pourvoir et assurer l'effet desdits actes en ce qui concerne notre très cher et amé neveu le duc d'Angoulême, et notre cher et amé neveu le duc d'Orléans,

Nous avons ordonné et ordonnons ce qui suit :

ARTICLE Ier.

Le contrat contenant les conventions civiles du mariage qui a été contracté, de notre consentement, par notre très cher et amé neveu le duc d'Angoulême avec Marie-Thérèse-Charlotte de France notre bien-aimée nièce, ainsi que l'acte de célébration dudit mariage, seront déposés, par le Ministre et secrétaire d'État de notre maison, ou, à son défaut, par le Président de notre Conseil des Ministres, aux archives de la Chambre des Pairs. Il sera dressé procès-verbal de ce dépôt par le Garde des archives de la Chambre, en présence de notre Chancelier et du Grand-referendaire de la Chambre des Pairs, lesquels signeront avec le Ministre secrétaire d'État de notre maison. Ce procès-verbal et l'acte de célébration de mariage seront transcrits en entier sur le double registre ouvert en exécution de notre ordonnance du 23 mars 1816, et déposé aux archives de la Chambre des Pairs.

2.

Seront pareillement déposés le contrat contenant les conventions civiles du mariage qui a été contracté, de notre consentement, par notre cher et amé neveu, le duc d'Orléans, avec notre chère et amée nièce, Marie-Amélie, Princesse des Deux-Siciles, ainsi que l'acte de célébration dudit mariage et les actes de naissance, 1º de Ferdinand-Philippe-Louis-Charles-Henri-Rosolin, duc de Chartres; 2º de Louise-Marie-Thérèse-Caroline-Élisabeth, Mademoiselle; 3º de Marie-Christine-Caroline-Adélaïde-Françoise-Léopoldine, mademoiselle de Valois, leurs enfants nés à

Palerme; 4° de Louis-Charles-Philippe-Raphaël, duc de Nemours, né à Paris; 5° de Françoise-Louise Caroline, mademoiselle de Montpensier, née à Twikemham. La transcription du procès-verbal de dépôt, de l'acte de célébration de mariage et des actes de naissance, aura lieu dans la forme prescrite par l'article 1er.

3.

Les transcriptions faites en vertu des articles précédents produiront, à l'égard des actes de l'état civil mentionnés auxdits articles, le même effet que si lesdits actes eussent été reçus par notre Chancelier dans la forme prescrite par notre ordonnance du 23 mars 1816.

4.

Notre Chancelier, le Président de notre Conseil des Ministres, et le Ministre secrétaire d'État de notre maison, sont chargés, chacun en ce qui le concerne, de l'exécution de la présente ordonnance.

Donné au château des Tuileries, le

21e jour du mois de mai, l'an de grace 1817, et de notre règne le 22e.

Signé LOUIS.

Et plus bas,

Signé RICHELIEU.

ORDONNANCE DU ROI,

Qui confère le titre de Duc à M. le comte DE CRILLON.

---

11 juin 1817.

LOUIS, PAR LA GRACE DE DIEU, ROI DE FRANCE ET DE NAVARRE,

A tous présents et à venir, SALUT :

Ayant pris en considération l'illustration de la famille Crillon, dont plusieurs membres ont porté le titre de Duc, et voulant donner à notre fidèle et amé le comte de Crillon, Pair de France, un témoignage particulier de notre bienveillance ;

NOUS AVONS ORDONNÉ ET ORDONNONS ce qui suit :

ARTICLE Ier.

Notre amé et fidéle le comte de Crillon, Pair de France, est créé Duc.

2.

Ce titre est attaché à sa dignité de Pair.

3.

En conséquence, notre fidéle et amé le comte de Crillon jouira, et après lui, ses enfants, postérité et descendants, en ligne directe, nés ou à naître, en légitime mariage, jouiront des rang et honneurs attachés audit titre de Duc, et ce de mâle en mâle, par ordre de primogéniture, à la charge par notre fidéle et amé le comte de Crillon de se conformer aux lois à ce relatives, notamment aux dispositions de notre ordonnance du 19 août 1815, et de se retirer en outre par-devant notre Garde des sceaux, Ministre secrétaire d'État de la justice, pour obtenir nos lettres-patentes sur ce nécessaires.

Donné au château des Tuileries, le 11ᵉ jour de juin de l'an de grace 1817, et de notre règne le 23ᵉ.

Signé LOUIS.

Par le Roi :

Le Garde des sceaux, Ministre secré-taire d'État au département de la justice,

Signé PASQUIER.

ORDONNANCE DU ROI,

Qui élève M. le comte DU BOUCHAGE à la dignité de Pair de France.

23 juin 1817.

LOUIS, PAR LA GRACE DE DIEU, ROI DE FRANCE ET DE NAVARRE,

A tous ceux qui ces présentes verront, SALUT :

Ayant pris en considération les bons

et loyaux services que le sieur comte du Bouchage, lieutenant-général de nos armées, a constamment rendus à notre personne et à l'État pendant le cours de sa longue et honorable carrière, et voulant lui donner une preuve de notre satisfaction;

Nous l'avons élevé à la dignité de Pair du Royaume.

Donné au château de Saint-Cloud, le 23e jour du mois de juin de l'an de grace 1817, et de notre règne le 23e.

Signé LOUIS.

Et plus bas,

Signé RICHELIEU.

~~~~~~

ORDONNANCE DU ROI,

PORTANT révocation des dispositions de l'article 1er de l'ordonnance du 24 juillet 1815, en ce qui concerne M. le comte DE CROIX.

———

25 juin 1817.

LOUIS, PAR LA GRACE DE DIEU, ROI DE FRANCE ET DE NAVARRE,

A tous ceux qui ces présentes verront, SALUT:

Vu l'ordonnance du 24 juillet 1815;

Vu la réclamation à nous présentée par le comte de Croix;

Ayant reconnu qu'il est constant que ledit comte de Croix n'a siégé ni voulu siéger dans la soi-disant Chambre des Pairs à laquelle il avoit été appelé par *Napoléon Bonaparte*;

NOUS AVONS ORDONNÉ ET ORDONNONS ce qui suit:

13.

ARTICLE 1er.

Les dispositions de l'article 1er de notre ordonnance du 24 juillet 1815 sont révoquées en ce qui concerne le comte de Croix.

2.

Notre Ministre secrétaire d'État au département des affaires étrangères, Président du conseil des Ministres, est chargé de l'exécution de la présente ordonnance.

Donné en notre château de Saint-Cloud, le 25 juin de l'an de grace 1817, et de notre régne le 23e.

Signé LOUIS.

Par le Roi :

Le Ministre secrétaire d'État au département des affaires étrangères, Président du conseil des Ministres,

Signé RICHELIEU.

ORDONNANCE DU ROI,

QUI confirme et maintient M. DUCOUDRAY DE BOISSY dans la possession et jouissance du titre de Marquis.

———

9 juillet 1817.

LOUIS, PAR LA GRACE DE DIEU, ROI DE FRANCE ET DE NAVARRE,

A tous ceux qui ces présentes verront, SALUT :

Vu la requête de notre bien amé Hilaire Rouillé Ducoudray de Boissy, Pair de France, chevalier de l'ordre royal et militaire de Saint-Louis, par laquelle il nous expose que son aïeul, son père, et lui-même, ont porté le titre de Marquis depuis 1712, et qu'ils l'ont pris dans plusieurs actes solennels de famille; il nous a en conséquence supplié de vouloir bien lui accorder la confirmation et l'hérédité de ce titre;

A ces causes, voulant traiter favorablement l'exposant, sur le rapport de notre Garde des sceaux, Ministre secrétaire d'État au département de la justice;

Nous avons confirmé et maintenu, confirmons et maintenons notre bien amé le sieur Hilaire Rouillé Ducoudray de Boissy dans la possession et jouissance du titre de Marquis.

Ce titre sera transmissible à ses enfants, postérité et descendants nés ou à naître, en ligne directe et en légitime mariage, et ce de mâle en mâle, par ordre de primogéniture, à la charge par ledit sieur Rouillé Ducoudray de se retirer par-devant notre Garde des sceaux pour obtenir les lettres-patentes sur ce nécessaires.

Donné au château des Tuileries, le 9e jour de juillet de l'an de grace 1817, et de notre règne le 23e.

Signé LOUIS.

Par le Roi :

Le Garde des sceaux, Ministre secrétaire d'État de la justice,

Signé PASQUIER.

ORDONNANCE DU ROI,

Qui autorise, en faveur de M. le comte DE BOIS-
GELIN, la transmission héréditaire du titre
de Pairie dont est revêtu M. le marquis
DE BOISGELIN, son frère.

1er août 1817.

LOUIS, PAR LA GRACE DE DIEU, ROI
DE FRANCE ET DE NAVARRE,

A tous ceux qui ces présentes verront,
SALUT:

Sur le rapport de notre Président du
conseil des Ministres,

NOUS AVONS ORDONNÉ ET ORDONNONS ce
qui suit:

ARTICLE Ier.

Les rang, titre, et qualité de Pair du
Royaume qu'il nous a plu accorder par
notre ordonnance du 17 août 1815, à
notre cher et amé Bruno, marquis de

Boisgelin, seront transmis héréditairement à notre amé Alexandre comte de
Boisgelin, lieutenant de nos gardes-du-
corps, et colonel de la dixième légion
de la Garde nationale, frère dudit marquis de Boisgelin, pour en jouir, lui et
sa descendance mâle, naturelle et légitime, dans le cas où le titulaire actuel
viendroit à décéder sans postérité mâle,
naturelle et légitime.

2.

Voulons et ordonnons que ladite transmission, aux conditions et dans les cas
ci-dessus énoncés, soit mentionnée et
autorisée dans les lettres-patentes signées et scellées de notre grand sceau,
qui seront délivrées audit marquis de
Boisgelin, en sa qualité de Pair de
France.

3.

Notre Président du conseil des Ministres, et notre Garde des sceaux, Ministre secrétaire d'État au département
de la justice, sont chargés de l'exécution
des présentes.

Donné au château des Tuileries, le 1er jour du mois d'août de l'an de grace 1817, et de notre règne le 23e.

Signé LOUIS.

Et plus bas,

Par le Roi :

Signé Richelieu.

~~~~~~

ORDONNANCE DU ROI,

Qui crée Duc M. le marquis d'Avaray, Pair de France.

_____

16 août 1817.

LOUIS, par la grace de Dieu, Roi de France et de Navarre,

A tous ceux qui ces présentes verront, salut :

Voulant reconnoître les bons et loyaux services du sieur marquis d'Avaray, Pair de France, et lui donner en même temps un témoignage du souvenir que nous conservons des marques de zèle et de dévouement que nous avons reçues, dans les circonstances les plus difficiles, du feu duc d'Avaray, nous avons résolu de faire revivre en la personne du père le titre et les honneurs que nous nous étions plu à conférer au fils.

A cet effet, Nous avons ordonné et ordonnons ce qui suit :

Le marquis d'Avaray, Pair de France, est créé Duc, pour jouir, lui et ses descendants en ligne directe, de mâle en mâle, par ordre de primogéniture, des honneurs et prérogatives attachés à ce rang; à charge par lui de se conformer aux lois du Royaume à ce relatives, et notamment aux dispositions de notre ordonnance du 19 août 1815.

Donné à Paris, le 16e jour d'août de l'an de grace 1817, et de notre règne le 23e.

Signé LOUIS.

Et plus bas :

Signé RICHELIEU.

ORDONNANCE DU ROI,

Sur la formation des majorats à instituer par les Pairs.

---

25 août 1817.

LOUIS, par la grace de Dieu, Roi de France et de Navarre,

A tous ceux qui ces présentes verront, salut:

Suivant l'article 896 du Code civil, les biens libres formant la dotation d'un titre héréditaire que nous aurions érigé en faveur d'un chef de famille, peuvent être transmis héréditairement. Il nous appartient, soit pour récompenser de grands services, soit pour exciter une utile émulation, soit pour concourir à l'éclat du trône, d'autoriser un chef de famille à substituer ses biens libres pour former la dotation d'un titre héréditaire

que nous aurions érigé en sa faveur, et la
transmissibilité de ces biens et de ce titre
à son fils né ou à naître, et à ses descendants en ligne directe, de mâle en mâle,
par ordre de primogéniture. Prenant ces
dispositions en considération, et les rap-
prochant de celles de la Charte constitutionnelle relatives à l'érection d'une
Chambre des Pairs, et de notre ordonnance du 19 août 1815, nous avons reconnu que l'institution de la Pairie héréditaire rendoit nécessaire l'établisse-
ment des majorats autorisés par les lois
du Royaume dans les familles honorées
de cette dignité, afin d'assurer à perpétuité à ceux qui seront successivement
revêtus de la Pairie, les moyens de la
soutenir convenablement, comme il
appartient aux membres du premier
corps de l'État.

A CES CAUSES, nous avons résolu de
n'appeler dorénavant à la dignité de
Pair de France que ceux qui auront
préalablement institué dans leur famille
un majorat qui puisse devenir la dotation héréditaire de leur titre, ne dou-

tant pas d'ailleurs que les Pairs actuels ne s'empressent, ainsi que nous les y invitons, pour le plus grand avantage de l'État, de la Pairie, et de notre service, à former de semblables majorats, toutes les fois que la disponibilité et la situation de leurs biens le comportera.

En conséquence, vu l'article 896 du Code civil et notre ordonnance du 19 août 1815,

Nous avons ordonné et ordonnons ce qui suit :

ARTICLE Ier.

A l'avenir, nul ne sera par nous appelé à la Chambre des Pairs, les ecclésiastiques exceptés, s'il n'a, préalablement à sa nomination, obtenu de notre grace l'autorisation de former un majorat, et s'il n'a institué ce majorat.

2.

Il y aura trois classes de majorats de Pairs : ceux attachés au titre de Duc, lesquels ne pourront être composés de biens produisant moins de 30,000 francs de revenu net; ceux attachés aux titres de Marquis et de Comte, qui ne pourront s'élever à moins de 20,000 francs de revenu net; et ceux attachés aux titres de Vicomte et de Baron, lesquels ne pourront s'élever à moins de 10,000 fr. de revenu net.

3.

Les majorats de Pairs seront transmissibles à perpétuité, avec le titre de la Pairie, au fils aîné, né ou à naître, du fondateur du majorat, et à la descendance naturelle et légitime de celui-ci, de mâle en mâle, et par ordre de primogéniture, de telle sorte que le majorat et la Pairie soient toujours réunis sur la même tête.

4.

Il ne pourra entrer dans la formation des majorats de Pairs que des immeubles libres de tous priviléges et hypothèques, et non grevés de restitutions en vertu des articles 1048 et 1049 du Code civil, et des rentes sur l'État, après toutefois qu'elles auront été immobilisées.

5.

Les effets de la création des majorats des Pairs relativement aux biens qui les composent, les formes de l'autorisation nécessaire pour l'aliénation de ces biens et du remploi de leur prix, seront et demeureront réglés conformément aux dispositions des lois et règlements actuellement en vigueur sur la matière des majorats.

6.

Toute personne qui voudra former un majorat adressera, à cet effet, une requête à notre Garde des sceaux de France.

L'affaire sera suivie et les justifications nécessaires auront lieu dans les formes et de la manière prescrite par les lois et règlements précités.

7.

Les actes de constitution de majorats seront, par les ordres de notre Chancelier de France, Président de la Chambre des Pairs, sur la présentation de l'instituant et sous la surveillance du Grand-référendaire, transcrits sur un registre qui sera tenu à cet effet et déposé dans les archives de la Chambre des Pairs.

8.

Les droits d'enregistrement et de transcription seront perçus d'après les bases établies par le décret du 24 juin 1808.

9.

Les membres actuels de la Chambre des Pairs qui desireront instituer un majorat dans leur famille, ainsi que nous les y invitons, procéderont à cette institution en se conformant aux règles prescrites par la présente ordonnance.

10.

En ce cas seulement, le majorat de chaque titre de Pairie pourra être formé successivement et par parties par les divers titulaires qui se succéderont audit titre, jusqu'à ce qu'il ait été élevé au *minimum* fixé par la présente ordonnance pour la classe à laquelle il appartiendra.

11.

Notre Président du conseil des Ministres, et notre Garde des sceaux, Ministre secrétaire d'État de la justice, sont chargés de l'exécution de la présente ordonnance.

Donné au château des Tuileries, le 25e jour du mois d'août de l'an de grace 1817, et de notre règne le 23e.

Signé LOUIS.

Par le Roi :

Signé RICHELIEU.

ORDONNANCE DU ROI,

Sur la délivrance des Lettres-Patentes portant collation des TITRES DE PAIRIE.

25 août 1817.

LOUIS, PAR LA GRACE DE DIEU, ROI DE FRANCE ET DE NAVARRE,

A tous ceux qui ces présentes verront,

SALUT :

Vu l'article 4 de notre ordonnance du 19 août 1815,

Nous avons ordonné et ordonnons ce qui suit :

ARTICLE 1er.

Notre Garde des sceaux, Ministre secrétaire d'État au département de la justice, fera expédier par notre commission du sceau, aux membres de la Chambre des Pairs, sur la demande qui lui en sera faite par le ministère d'un référendaire au sceau, les lettres-patentes portant institution du titre de Pair de France créé en leur faveur.

2.

Ces lettres-patentes seront rédigées sur parchemin, selon le modèle qui est joint à la présente, contre-signées par notre Garde des sceaux, visées par le Président de notre conseil des Ministres et scellées du grand sceau.

3.

Elles contiendront,

1° La date de l'acte portant nomination de l'impétrant à la Pairie, et·les motifs de cette nomination, s'il y en a d'énoncés en cet acte;

2° Le titre affecté par·nous à la Pairie érigée en faveur de l'impétrant·, et qui déterminera son rang dans la Chambre;

3° La concession·du·droit exclusif de placer leurs armoiries sur·un manteau d'azur doublé d'hermines, et de les timbrer d'une couronne de Pair ou bonnet d'azur, cerclé d'hermines et surmonté d'une houppe d'or.

4.

Ces lettres-patentes seront transcrites en entier sur un registre spécialement consacré à cet usage, et qui demeurera déposé aux archives de la commission du sceau. Il sera fait mention du tout sur lesdites lettres-patentes par le secrétaire du sceau.

5.

Ces lettres-patentes seront, à la diligence tant de notre procureur-général que de l'impétrant, et sur le réquisitoire du ministère public, publiées et enregistrées à la cour royale et au tribunal de première instance du domicile de l'impétrant. Les greffiers de ces cours et tribunaux feront mention, sur l'original des lettres, de la publication à l'audience et de la transcription sur les registres. Elles seront en outre insérées au Bulletin des lois. Les frais de publication et d'enregistrement seront à la charge de l'impétrant.

6.

Elles seront données en communication à la Chambre des Pairs par notre Garde des sceaux ; il lui sera donné acte de cette communication.

7.

Elles seront ensuite transcrites en entier sur le registre matricule en parchemin, intitulé *Livre de la Pairie* ; paraphées sur le *recto* par notre Chancelier de France, Président de la Chambre des Pairs, et sur le *verso* par le Grand-référendaire. Ce registre sera ouvert par un procès-verbal de vérification contenant le nombre des pages et l'u-

sage du livre : ce procès-verbal sera
dressé par notredit Chancelier et le
Grand-référendaire. Le livre sera clos
au bas de la dernière page en la même
forme.

8.

Le livre de la Pairie sera déposé aux
archives de la Chambre des Pairs : le
Grand-référendaire en aura la garde,
et certifiera les expéditions qui seront
délivrées des pièces qui y seront transcrites.

9.

Tout Pair de France sera tenu d'a-
dresser au Grand-référendaire expédition en bonne forme des actes de l'état
civil qui le concerneront, ou ses descendants directs, ou les appelés à la
Pairie dont il est titulaire, selon l'ordre
légitime de succession. En cas de mino-
rité d'un Pair, cette obligation est impo-
sée au tuteur du Pair mineur.

Ces actes seront transcrits sur un registre tenu à cet effet sous la surveil-

lance du Grand-référendaire; et déposé
aux archives de la Chambre.

10.

Dans toutes les cérémonies publiques
et réunions civiles ou administratives
un Pair de France qui aura été invité
en sa qualité de Pair; et qui sera revêtu
de l'habit de Pair, prendra toujours, et
sur toute personne, la droite de l'autorité, quelle qu'elle soit; qui aura la pré-
séance.

11.

Il est enjoint à tous officiers publics
de ne donner aux Pairs de France d'autres qualifications ou titres honorifi-
ques que ceux auxquels ils ont droit en
vertu des lettres - patentes portant institution de leur titre de Pairie.

12.

Le fils d'un Duc et Pair portera, de
droit, le titre de Marquis; celui d'un
Marquis et Pair, le titre de Comte;
celui d'un Comte et Pair, le titre de
Vicomte; celui d'un Vicomte et Pair, le

titre de Baron ; celui d'un Baron et Pair,
le titre de Chevalier.

. Les fils puînés de tous les Pairs porteront, de droit, le titre immédiatement
inférieur à celui que portera leur frère
aîné ;

Le tout sans préjudice des titres personnels que lesdits fils de Pair pourroient tenir de notre grace, ou dont ils
seroient actuellement en possession, en
exécution de l'art. 71 de la Charte.

13.

Lorsque la Chambre des Pairs sera
appelée à siéger en notre présence
royale, et dans les autres occasions solennelles seulement, il sera préparé
dans le lieu habituel de ses séances, ou
dans celui destiné à la réunion de ses
membres, des places ou bancs séparés
pour chaque ordre de titres : les Pairs
également titrés se placeront sur le
même banc, selon l'ordre de leur pro-
motion ou de l'ancienneté de leur titre.

14.

Le premier de tous les bancs sera des-

tiné aux Princes de notre sang. Les Pairs
ecclésiastiques occuperont, de droit, les
premières places des bancs où ils seront
appelés en vertu du titre qui leur est
conféré par nos lettres-patentes d'institution.

15.

Notre Président du conseil des Ministres, notre Garde des sceaux, Ministre secrétaire d'État de la justice et le
Ministre secrétaire d'État de notre maison, sont chargés de l'exécution de la
présente ordonnance.

Donné à Paris, au château des Tuileries, le 25e jour du mois d'août de l'an
de grace 1817, et de notre règne le 23e.

Signé LOUIS.

Par le Roi :

Signé RICHELIEU.

ORDONNANCE DU ROI,

Qui détermine, pour les membres actuels de la Chambre des Pairs, les titres d'institution de leur Pairie.

———

31 août 1817.

LOUIS, PAR LA GRACE DE DIEU, ROI DE FRANCE ET DE NAVARRE ;

A tous ceux qui ces présentes verront, SALUT :

Vu nos ordonnances du 19 août 1815 et du 25 août 1817 ;

Voulant pourvoir à la prompte expédition des lettres-patentes portant institution des titres de Pairie qu'il nous a plu créer et instituer dans la descendance directe, masculine et légitime des membres actuels de la Chambre des Pairs ;

Nous avons ordonné et ordonnons ce qui suit :

15

ARTICLE Ier.

Les lettres-patentes qui seront expédiées, en vertu de nos ordonnances, aux Pairs de France dont les noms suivent, porteront institution du titre de *Duc*. En conséquence, ce titre sera et demeurera uni à la Pairie dont nous les avons pourvus, et ils en jouiront eux et leurs successeurs à ladite Pairie, ainsi que de tous les droits, honneurs et prérogatives qui y sont attachés ; savoir :

Le Cardinal de Talleyrand-Périgord.
Le Cardinal de La Luzerne.
Le Cardinal de Bayane.
Le Cardinal de Bausset.
Le Duc d'Uzès.
Le Duc d'Elbœuf.
Le Duc de Montbazon.
Le Duc de la Trémoille.
Le duc de Chevreuse.
Le Duc de Brissac.
Le Duc de Richelieu.
Le Duc de Rohan.
Le Duc de Luxembourg.
Le Duc de Gramont.

Le Duc de Mortemart.
Le Duc de Saint-Aignan.
Le Duc de Noailles.
Le Duc d'Aumont.
Le Duc d'Harcourt.
Le Duc de Fitz-James.
Le Duc de Brancas.
Le Duc de Valentinois.
Le Duc de Duras.
Le Duc de La Vauguyon.
Le Duc de La Rochefoucauld.
Le Duc de Clermont-Tonnerre.
Le Duc de Choiseul.
Le Maréchal Duc de Coigny.
Le Prince de Talleyrand.
Le Duc de Croï.'
Le Duc de Broglie.
Le Duc de Laval-Montmorency.
Le Duc de Montmorency.
Le Duc de Beaumont.
Le Duc de Lorges.
Le Duc de Croï-d'Havré.
Le Duc de Polignac.
Le Duc de Lévis.
Le Duc de Maillé.
Le Duc de Saulx-Tavannes.

Le Duc de La Force.

Le Duc de Castries.

Le Prince de Poix.

Le Duc de Doudeauville.

Le Prince de Chalais.

Le Duc de Sérent.

Le Maréchal Duc de Tarente.

Le Maréchal Duc de Raguse.

Le Maréchal Duc de Reggio.

Le Maréchal Duc de Valmy.

Le Maréchal Duc de Feltre.

Le Prince de Wagram.

Le Duc d'Istrie.

Le Prince de Beauffremont.

Le Maréchal Duc de Bellune.

Le Duc de Caylus.

Le Duc de Dalberg.

Le Duc de Montebello.

Le Duc de Crillon.

Le Duc de La Châtre.

Le Duc de Damas-Crux.

Le Duc de Narbonne-Pelet.

Le Duc de Massa.

Le Duc d'Avaray.

2.

Les lettres-patentes qui seront expédiées, en exécution de nos ordonnances, aux Pairs de France dont les noms suivent, porteront institution du titre de *Marquis*. En conséquence, ce titre sera et demeurera uni à la Pairie dont nous les avons pourvus, et ils en jouiront eux et leurs successeurs à ladite Pairie, ainsi que des droits, honneurs et prérogatives qui y sont attachés, savoir :

Le Marquis d'Harcourt.

Le Marquis de Clermont-Gallerande.

Le Marquis d'Albertas.

Le Marquis d'Aligre.

Le Marquis de Boisgelin.

Le Marquis de Boissy du Coudray.

Le Marquis de Bonnay.

Le Marquis de Brézé.

Le Comte Victor de Caraman.

Le Marquis de Chabannes.

Le Marquis de Gontaut-Biron.

Le Marquis de La Guiche.

Le Marquis de Grave.

Le Marquis d'Herbouville.

Le Marquis de Juigné.

Le Marquis de Louvois.

Le Marquis de Mortemart.

Le Marquis de Mathan.

Le Marquis d'Osmond.

Le Marquis de Raigecourt.

Le Marquis de Rougé.

Le Marquis de La Rochejaquelein.

Le Marquis de Rivière.

Le Marquis de La Suze.

Le Marquis de Talaru.

Le Marquis de Vence.

Le Marquis de Vibraye.

Le Maréchal Comte Gouvion-Saint-Cyr.

Le Comte Barthélemy.

Le Maréchal Comte de Beurnonville.

Le Comte Barbé de Marbois.

Le Comte Chasseloup-Laubat.

Le Comte d'Aguesseau.

Le Comte de Fontanes.

Le Comte Garnier.

Le Comte de Jaucourt.

Le Comte Laplace.

Le Comte de Maleville.

Le Comte de Pastoret.

Le Maréchal Comte Pérignon.

Le Comte de Semonville.

Le Comte Maison.

Le Comte Dessolle.

Le Comte Victor de Latour-Maubourg.

Le Maréchal Comte de Vioménil.

Le Comte de Clermont-Tonnerre.

Le Comte de Lally-Tolendal.

Le Comte de Lauriston.

Le Comte de Mun.

Le Comte de Nicolaï.

Le Comte de Latour-du-Pin Gouvernet.

Le Vicomte Olivier de Vérac.

3.

Les lettres-patentes qui seront expédiées, en vertu de nos ordonnances, aux Pairs de France dont les noms suivent, porteront institution du titre de *Comte*. En conséquence, ce titre sera et demeurera uni à la Pairie dont nous les avons pourvus, et ils en jouiront eux et leurs successeurs à ladite Pairie, ainsi que des droits, honneurs et prérogatives qui y sont attachés, savoir :

M. de Clermont-Tonnerre, ancien Évêque de Châlons-sur-Marne.

Le Comte Bourlier, Évêque d'Évreux.

L'Abbé de Montesquiou.

M. Cortois de Pressigny, ancien Évêque de Saint-Malo.

Le Comte Abrial.

Le Comte de Beauharnois.

Le Comte de Beaumont.

Le Comte Berthollet.

Le Comte de Canclaux.

Le Comte Cholet.

Le Comte Colaud.

Le Comte Cornet.

Le Comte d'Aboville.

Le Comte Davous.

Le Comte Demont.

Le Comte de Croix.

Le Comte Dembarrère.

Le Comte Depère.

Le Comte Destutt de Tracy.

Le Comte d'Haubersart.

Le Comte Dehedouville.

Le Comte Dupont.

Le Comte Dupuy.

Le Comte Emmery.

Le Comte de Gouvion.

Le Comte Herwyn de Nevéle.

Le Comte Klein.

Le Comte de La Martillière.

Le Comte Lanjuinais.

Le Comte Lecouteulx de Canteleu.

Le Comte Lebrun de Rochemont.

Le Comte Lemercier.

Le Comte Lenoir-Laroche.

Le Comte de Monbadon.

Le Comte Péré.

Le Comte Porcher de Richebourg.

Le Comte de Sainte-Suzanne.

Le Comte de Saint-Vallier.

Le Maréchal Comte Serurier.

Le Comte Soulès.

Le Comte Shée.

Le Comte de Tascher.

Le Comte de Vaubois.

Le Comte Vernier.

Le Comte de Villemanzy.

Le Comte Vimar.

Le Comte de Volney.

Le Comte Curial.

Le Comte de Vaudreuil.

Le Comte Charles de Damas.

Le Comte Charles d'Autichamp.

Le Comte de Boissy-d'Anglas.

Le Comte de La Bourdonnaye de Blossac.

Le Comte de Brigode.

Le Comte de Blacas.

Le Comte du Cayla.

Le Comte de Castellane.

Le Comte de Choiseul-Gouffier.

Le Comte de Contades.

Le Général Comte Compans.

Le Comte de Durfort.

Le Comte d'Ecquevilly.

Le Comte François d'Escars.

Le Comte Ferrand.

Le Comte de La Feronnays.

Le Comte de Gand.

Le Comte Gantheaume.

Le Comte d'Haussonville.

Le Comte de Machault d'Arnouville.

Le Comte Molé.

Le Comte de Mailly.

Le Comte du Muy.

Le Comte de Sainte - Maure - Montau-
sier.

Le Comte de Noé.

Le Comte d'Orvilliers.

Le Comte Jules de Polignac.

Le Comte Ricard.

Le Comte de La Roche-Aimon.

Le Comte de Saint-Roman.
Le Comte de Rully.
Le Comte de Sabran.
Le Comte de Suffren Saint-Tropez.
Le Comte de Saint-Priest.
Le Comte Auguste de Talleyrand.
Le Comte Lynch.
M. de Sèze.

4.

Les lettres-patentes qui seront expédiées, en vertu de nos ordonnances, aux
Pairs de France dont les noms suivent,
porteront institution du titre de *Vicomte*. En conséquence, ce titre sera et demeurera uni à la Pairie dont nous les
avons pourvus, et ils en jouiront eux et
leurs successeurs à ladite Pairie, ainsi
que des droits, honneurs et prérogatives
qui y sont attachés, savoir:

Le Vicomte de Châteaubriand.
Le Vicomte Matthieu de Montmorency.
Le Vicomte du Bouchage.
M. Le Pelletier Rosanbo.
M. Christian de Lamoignon.
M. Emmanuel Dambray.

5.

Les lettres-patentes qui seront expédiées, en vertu de nos ordonnances, aux Pairs de France dont les noms suivent, porteront institution du titre de *Baron*. En conséquence, ce titre sera et demeurera uni à la Pairie dont nous les avons pourvus, et ils en jouiront eux et leurs successeurs à ladite Pairie, ainsi que des droits, honneurs et prérogatives qui y sont attachés, savoir:

Le Baron Boissel de Monville.
Le Baron de La Rochefoucauld.
Le Baron Séguier.
Le Chevalier d'Andigné.
M. Morel de Vindé.

6.

Pour cette fois seulement, les lettres-patentes portant institution du titre de Pairie ne seront soumises qu'aux droits suivants :

	Droit de sceau.	Droit de référendaire.
De Duc.....	200 fr.	75 fr.
De Marquis..	150	50
De Comte...	100	50

	Droit de sceau.	Droit de référendaire.
De Vicomte..	100	50
De Baron....	50	25

7.

Notre Président du conseil des Ministres, et notre Garde des sceaux de France, Ministre et secrétaire d'État au département de la justice, sont chargés de l'exécution de la présente ordonnance.

Donné à Paris, en notre château des Tuileries, le 31e jour d'août de l'an de grace 1817, et de notre règne le 23e.

Signé LOUIS.

Par le Roi :

Le Ministre des affaires étrangères,
Président du conseil des Ministres,

Signé RICHELIEU.

ORDONNANCE DU ROI,

Qui autorise, en faveur de M. le vicomte
DE Montesquiou Fezenzac, la transmission
héréditaire du titre de Pairie dont est revêtu M. l'abbé comte DE Montesquiou, son
oncle.

———

12 septembre 1817.

LOUIS, PAR LA GRACE DE DIEU, ROI
DE FRANCE ET DE NAVARRE;

A tous ceux qui ces présentes verront,
SALUT :

Sur le rapport de notre Président du
conseil des Ministres, Ministre secrétaire d'État au département des affaires
étrangères,

Nous avons ordonné et ordonnons ce
qui suit :

ARTICLE Ier.

Les rang, titre et qualité de Pair du
Royaume qu'il nous a plu accorder par
notre ordonnance du 17 août 1815, à
notre cher et amé le sieur abbé de Mon-

tesquiou, seront transmis héréditairement à notre amé vicomte de Montesquiou Fezenzac, maréchal - de - camp, aide-major-général de notre Garde, neveu dudit sieur abbé de Montesquiou.

2.

Voulons et ordonnons que ladite transmission soit mentionnée et autorisée dans les lettres - patentes, signées et scellées de notre grand sceau, qui seront délivrées audit sieur abbé de Montesquiou, en sa qualité de Pair de France.

3.

Notre Président du conseil des Ministres et notre Garde des sceaux sont chargés, chacun en ce qui le concerne, de l'exécution de la présente ordonnance.

Donné à Paris, au château des Tuileries, le 12 septembre de l'an de grace 1817, et de notre règne le 23ᵉ.

Signé LOUIS.

Et plus bas :

Le Ministre des affaires étrangères,
Président du conseil des Ministres,
Signé RICHELIEU.

ORDONNANCE DU ROI,

Relative à la plainte portée par la Dame
de Saint-Morys, contre un membre de la
Chambre des Pairs.

———

13 janvier 1818.

LOUIS, par la grace de Dieu, Roi
de France et de Navarre;

A tous présents et à venir, salut :

Sur le compte qui nous a été rendu
par notre Garde des sceaux, Ministre de
la justice, que la Dame de Saint-Morys a
porté plainte devant les tribunaux de Paris, pour raison de l'homicide commis sur
la personne de son mari; que dans une
plainte additionnelle, ladite Dame dési-
gnant, entre autres, comme complice de
ce prétendu crime, un individu revêtu de
la dignité de Pair, le juge d'instruction
s'est dessaisi de la connoissance de l'affaire, en exécution de l'article 34 de la
Charte constitutionnelle; que les pièces
de la procédure ont été renvoyées à notre
Chancelier, Président de la Chambre des
Pairs, et qu'il devient nécessaire, pour

que l'instruction soit continuée d'une manière régulière, de constituer la Chambre des Pairs en Cour de justice,

Nous avons ordonné et ordonnons ce qui suit :

ARTICLE Ier.

Les fonctions attribuées par les lois aux officiers du ministère publique dans l'instruction et le jugement des affaires criminelles, seront exercées près la Chambre des Pairs constituée en Cour de justice pour connoitre des plaintes portées par la Dame de Saint-Morys, à l'occasion de la mort de son mari, par le sieur Bellart, notre Procureur général en la Cour royale de Paris.

2.

Le sieur Cauchy, Secrétaire archiviste de la Chambre des Pairs, remplira les fonctions de Greffier.

3.

Notre Garde des sceaux, Ministre secrétaire d'État de la justice, est chargé de l'exécution de notre présente ordonnance.

Donné à Paris, au château des Tuile-

ries, le 13 janvier de l'an de grace 1818,
et de notre règne le 23ᵉ.

Signé LOUIS.

Par le Roi :

*Le Garde des sceaux, Ministre secré-
taire d'État au département de la justice.*

Signé PASQUIER.

~~~~~~~~~~~~~~~~~~~~~~~~~~~~~~~~~~~~~~

ORDONNANCE DU ROI,

Qui élève à la dignité de Pair du Royaume,
M. le comte DECAZES.

———

31 janvier 1818.

LOUIS, PAR LA GRACE DE DIEU, ROI
DE FRANCE ET DE NAVARRE ;

A tous ceux qui ces présentes verront,
SALUT :

Vu notre ordonnance du 25 août 1817,
sur la formation des majorats à instituer
par les Pairs ;

Vu notre ordonnance du 7 janvier
1818, par laquelle nous avons autorisé
en faveur de notre amé le comte Decazes, Ministre et secrétaire d'État au dé-

partement de la police-générale, la fondation d'un majorat au titre de Comte;

Voulant lui donner un nouveau témoignage de notre satisfaction pour les bons et loyaux services qu'il ne cesse de rendre à notre personne et à l'État;

Nous l'avons élevé à la dignité de Pair du Royaume.

Les lettres-patentes qui lui seront expédiées en exécution de nos ordonnances, porteront institution du titre de Comte; en conséquence ce titre sera et demeurera uni à la Pairie dont nous l'avons pourvu, pour en jouir lui et ses successeurs à ladite Pairie, ainsi que des droits, honneurs et prérogatives qui y sont attachés.

Donné à Paris, au château des Tuileries, le 31 janvier de l'an de grace 1818, et de notre règne le 23e.

Signé LOUIS.

Par le Roi:

Le Ministre des affaires étrangères,
Président du conseil des Ministres,
Signé Richelieu.

ORDONNANCE DU ROI,

Qui autorise, en faveur de M. Philippe-Gabriel, marquis de Marmier, la transmission héréditaire du titre de Pairie dont est revêtu M. le duc de Choiseul, son beau-père.

———

15 mai 1818.

LOUIS, par la grace de Dieu, Roi de France et de Navarre;

A tous ceux qui ces présentes verront, salut :

Voulant donner à notre cousin le duc de Choiseul un témoignage de la bienveillance particulière que nous lui portons, tant pour le dévouement qu'il a constamment montré au Roi, notre frère de glorieuse mémoire, que pour les bons et loyaux services qu'il a rendus à notre personne et à l'État;

Nous avons ordonné et ordonnons ce qui suit :

ARTICLE Iᵉʳ.

Les rang, titre et qualité de Pair du

Royaume, qu'il nous a plu accorder à notre cousin Claude-Antoine-Gabriel, duc de Choiseul, seront transmis héréditairement au sieur Philippe-Gabriel, marquis de Marmier, gendre dudit duc de Choiseul, pour en jouir lui et sa descendance mâle, naturelle et légitime, dans le cas où le titulaire actuel viendroit à décéder sans postérité mâle, naturelle et légitime.

2.

Notre Président du conseil des Ministres, et notre Garde des sceaux, Ministre secrétaire d'État au département de la justice, sont chargés de l'exécution des présentes.

Donné à Paris, au château des Tuileries, le 15ᵉ jour du mois de mai de l'an de grace 1818, et de notre règne le 23ᵉ.

Signé LOUIS.

Par le Roi :

Le Ministre des affaires étrangères, Président du conseil des Ministres,

Signé RICHELIEU.

ORDONNANCE DU ROI,

Qui élève M. le comte DE GREFFULHE, à la dignité de Pair de France.

---

15 septembre 1818.

LOUIS, PAR LA GRACE DE DIEU, ROI DE FRANCE ET DE NAVARRE,

A tous ceux qui ces présentes verront, SALUT :

Voulant donner au sieur Jean-Henri-Louis, comte de Greffulhe, une preuve de notre bienveillance particulière, nous l'avons élevé à la dignité de Pair de France.

Donné en notre château des Tuileries, le 15 septembre de l'an de grace 1818, et de notre règne le 24e.

Signé LOUIS.

Par le Roi :

Le Ministre des affaires étrangères,
Président du conseil des Ministres,
Signé RICHELIEU.

ORDONNANCE DU ROI,

Qui autorise, en faveur de l'aîné des fils de M. le marquis DE JUMILHAC, la transmission héréditaire du titre de Pairie dont est revêtu M. le duc DE RICHELIEU, son beau-frère.

27 décembre 1818.

LOUIS, PAR LA GRACE DE DIEU, ROI DE FRANCE ET DE NAVARRE,

A tous ceux qui ces présentes verront, SALUT:

Sur le rapport de notre Garde des sceaux,

NOUS AVONS ORDONNÉ ET ORDONNONS ce qui suit:

ARTICLE Ier.

Les rang, titre, et qualité de Pair du Royaume, qu'il nous a plu accorder par notre ordonnance du 4 juin 1814, à notre cher et amé le duc de Richelieu, notre Ministre secrétaire d'État au département des affaires étrangères, seront transmis héréditairement à l'aîné des fils de M. le marquis de Jumilhac, son beau-frère, et au défaut dudit fils aîné, à ses frères puînés, par ordre de primo-géniture ; pour, par l'impétrant, en jouir lui et sa descendance mâle, naturelle et légitime, dans le cas où le titulaire actuel viendroit à décéder sans postérité mâle, naturelle et légitime, que nous autorisons de plus à prendre, en ce cas, le titre de duc de Richelieu.

2.

Voulons et ordonnons que ladite trans-mission, aux conditions et dans les cas sus énoncés, soit mentionnée et autori-sée dans les lettres-patentes signées et scel-lées de notre grand sceau, qui seront dé-livrées audit duc de Richelieu à cet effet.

3.

Notre Garde des sceaux, Ministre se-crétaire d'État de la justice, est chargé de l'exécution des présentes.

DONNÉ à Paris, au château des Tuile-ries, le 27e jour de décembre de l'an de grace 1818, et de notre règne, le 24e.

Signé LOUIS.

Et plus bas, par le Roi :

Le Garde des sceaux, Ministre secrétaire d'État de la justice, Signé PASQUIER.

ORDONNANCE DU ROI,

Qui autorise en faveur de M. Charles-Louis Terray, la transmission héréditaire de la Pairie dont est revêtu M. le vicomte de Morel-Vindé, son aïeul maternel.

————

1er mars 1819.

LOUIS, par la grace de Dieu, Roi de France et de Navarre;

A tous ceux qui ces présentes verront, salut :

Nous avons ordonné et ordonnons ce qui suit :

ARTICLE 1er.

Le titre de Vicomte, octroyé par lettres-patentes du 10 janvier 1657 aux aïeux de notre amé et féal Charles Gilbert Morel, vicomte de Morel, lui est conservé, et demeurera uni à la Pairie dont nous l'avons pourvu; il en jouira lui et ses successeurs à ladite Pairie, ainsi

que des droits, honneurs et prérogatives
qui y sont attachés.

2.

Les rang, titre et qualité de Pair du
Royaume qu'il nous a plu lui accorder
par notre ordonnance du 17 août 1815
seront transmis héréditairement à notre
amé Charles Louis Terray, petit-fils dudit sieur vicomte de Morel, dans le cas
où ce dernier viendroit à décéder sans
postérité mâle, naturelle et légitime.

3.

Ledit Charles Louis Terray joindra à
son nom propre celui dudit aïeul maternel, comme aussi il joindra dans son
écusson à ses propres armes, celles de
sondit aïeul maternel.

4.

Voulons et ordonnons que ladite transmission, aux conditions et dans le cas
ci-dessus énoncé, soit mentionnée et autorisée dans les lettres-patentes signées
et scellées de notre grand sceau qui seront délivrées audit sieur vicomte de
Morel, en sa qualité de Pair de France.

5.

Notre Garde des sceaux, Ministre de la justice, est chargé de l'exécution de la présente ordonnance.

Donné en notre château des Tuileries, le 1ᵉʳ jour du mois de mars, de l'an de grace 1819 et de notre règne le 24ᵉ.

Signé LOUIS.

Et plus bas,
Signé le Marquis DESSOLLE.

~~~~~~~~~~~~~~~~~~~~~~~~~~~~~~~~~~~~

ORDONNANCE DU ROI,

Portant nomination de Pairs de France.

———

5 mars 1819.

LOUIS, par la grace de Dieu, Roi de France et de Navarre;

A tous ceux qui ces présentes verront, salut :

Vu l'art. 27 de la Charte constitutionnelle,

Nous avons ordonné et ordonnons ce qui suit :

ARTICLE Iᵉʳ.

Sont nommés membres de la Chambre des Pairs les dénommés ci-après :

Notre cousin le Maréchal Duc d'Albuféra.

Le Marquis d'Angosse.

Le Comte d'Argout, conseiller-d'État.

Le Marquis d'Aragon.

Le Marquis d'Aramon.

Le Baron de Barante, conseiller-d'État.

Le Comte Beker, Lieutenant-général.

Le Baron Bastard - d'Estang, premier
Président de la Cour royale de Lyon.

Le Comte Belliard.

Le Comte Raymond de Bérenger.

Notre cousin le Maréchal Duc de Conégliano.

Le Comte Claparède, Lieutenant-général.

Le Comte Chaptal.

Le Marquis de Catellan.

Notre cousin le Duc de Cadore.

Le Comte Colchen.

Le Comte Cornudet.

Notre cousin le Maréchal Duc de Dantzick.

Le Comte Daru.

Le Lieutenant-général Dubreton.

Le Vicomte Digeon, Lieutenant-général.

Le Comte d'Arjuzon.

Le Comte Dejean.

Le Marquis de Dampierre.

Notre cousin le Maréchal Prince d'Eck-
muhl.

Notre cousin le Duc d'Esclignac.

Le Comte Germain, Préfet du départe-
tement de Seine-et-Marne.

Le Comte de Germiny, Préfet du dépar-
ment de l'Oise.

Le Comte de Gramont d'Aster, Colonel
de la légion des Basses-Pyrénées.

Le Comte Félix d'Hunolstein.

Le Vicomte d'Houdetot.

Notre cousin le Maréchal Comte Jour-
dan.

Le Comte Laforest.

Le Comte Lacépéde.

Le Comte de Latour-Maubourg.

Le Comte de Montalembert, notre Mi-

nistre plénipotentiaire près Sa Majesté le Roi de Wurtemberg.

Le Comte Maurice-Mathieu, Lieutenant-
général.

Le Baron Mounier, Conseiller-d'État.

Le Comte Mollien.

Le Comte de Montalivet.

Le Comte Marescot, Lieutenant-général.

Le Comte de Montesquiou.

Le Comte de Pontécoulant.

Notre cousin le Duc de Plaisance.

Le Marquis de Pange, Maréchal - de-
camp.

Le Comte Pelet de la Lozère, Conseiller-
d'État.

Le Comte Portalis, Conseiller-d'État,
Ministre plénipotentiaire près le Saint-
Siége.

Le Comte Reille, Lieutenant-général.

Le Comte Rutty, Lieutenant-général.

Le Comte Rapp, Lieutenant-général.

Le Comte Rampon.

Le Comte de Sparre, Lieutenant-général.

Notre cousin le Marquis de Saint-Simon,
Maréchal-de-camp.

Le Comte de Sussy.

Notre cousin le Maréchal Duc de Trévise.

Le Marquis de Talhoüet, Maréchal-de-camp, colonel du deuxième régiment des grenadiers à cheval de la Garde.

Le Comte Truguet, Vice-Amiral.

Le Comte Verhuell, Vice-Amiral.

Le Comte de La Villegontier.

2.

Il est expressément dérogé en faveur des Pairs ci-dessus nommés à la disposition de l'article 1er de notre ordonnance du 25 août 1817. En conséquence lesdits Pairs prendront immédiatement séance dans la Chambre des Pairs, lors même qu'ils n'auroient pas encore institué le majorat exigé par l'article précité.

Devront, toutefois, lesdits Pairs, pour jouir du bénéfice de notre ordonnance du 19 août 1815, et rendre la dignité de Pair héréditaire dans leurs familles, instituer un majorat au titre qui leur sera conféré par nos lettres-patentes.

Ils prendront dans la Chambre le

rang du titre de Pairie dont ils auront institué le majorat.

Jusqu'à cette institution, ils prendront rang après le dernier Pair antérieurement nommé et reçu, selon l'ordre de nomination de la présente ordonnance.

3.

Notre Ministre secrétaire-d'État au département des affaires étrangères, Président du conseil des Ministres, et notre Garde des sceaux, Ministre de la justice, sont chargés, chacun en ce qui le concerne, de l'exécution de la présente ordonnance.

Donné au château des Tuileries, le 5e jour du mois de mars de l'an de grace 1819, et de notre règne le 24e.

Signé LOUIS.

Par le Roi:

Le Ministre des affaires étrangères, Président du conseil des Ministres,

Signé le Marquis DESSOLLE.

~~~~~~~~~~~~~~~~~~~~~~~~~~~~~~~~~~~~~~~

ORDONNANCE DU ROI,

Qui nomme M. le comte de Saint-Aulaire, membre de la Chambre des Pairs.

———

5 mars 1819.

LOUIS, par la grace de Dieu, Roi de France, et de Navarre ;

A tous ceux qui ces présentes verront, salut :

Vu l'article 27 de la Charte constitutionnelle,

Nous avons ordonné et ordonnons ce qui suit :

ARTICLE 1er.

Le sieur comte de Saint-Aulaire (Joseph), est nommé membre de la Chambre des Pairs.

2.

Il est expressément dérogé en faveur du Pair ci-dessus nommé à la disposi-

tion de l'article premier de notre ordonnance du 25 août 1817, en conséquence, ledit Pair prendra immédiatement
séance dans la Chambre des Pairs, lors
même qu'il n'auroit pas encore institué
le majorat exigé par l'article précité.

Devra toutefois ledit Pair pour jouir
du bénéfice de notre ordonnance du 19
août 1815, et rendre la dignité de Pair
héréditaire dans sa famille, instituer un
majorat au titre qui lui sera conféré par
nos lettres-patentes.

Il prendra dans la Chambre le rang
du titre de Pairie dont il aura institué
le majorat.

Jusqu'à cette institution il prendra
rang après le dernier Pair antérieurement nommé et reçu, selon l'ordre de
nomination de la présente ordonnance.

3.

Notre Ministre secrétaire d'État au département des affaires étrangères, Président du conseil des Ministres, et notre
Garde des sceaux Ministre de la justice
sont chargés, chacun en ce qui le con-

cerne, de l'exécution de la présente ordonnance.

Donné au château des Tuileries, le 5ᵉ jour du mois de mars de l'an de grace 1819, et de notre règne le 24ᵉ.

Signé LOUIS.

Et plus bas,

Par le Roi :

Le Ministre secrétaire d'État au département des affaires étrangères, Président du conseil des Ministres,

Signé le Marquis DESSOLLE.

ORDONNANCE DU ROI,

RELATIVE à la plainte dirigée par le sieur SELVES, contre M. le baron SÉGUIER Pair de France.

———

23 juin 1819.

LOUIS, PAR LA GRACE DE DIEU, ROI DE FRANCE ET DE NAVARRE;

A tous présents et à venir, SALUT:

Sur le compte qui nous a été rendu par notre Garde des sceaux, Ministre de la justice, que le sieur Selves a déposé, le 8 juin courant, au parquet de la cour royale de Paris, une plainte adressée à la Chambre des Pairs et dirigée contre M. Séguier, premier président de la cour royale et membre de la Chambre des Pairs, auquel il impute plusieurs dénis de justice et actes arbitraires, et qu'il devient nécessaire de constituer la Chambre des Pairs en Cour de justice pour prononcer sur cette plainte;

Considérant que, si la loi n'a point encore pourvu à l'organisation de la Chambre des Pairs sous ce rapport, le cours de la justice ne peut être interrompu;

NOUS AVONS ORDONNÉ ET ORDONNONS ce qui suit:

ARTICLE Ier.

Les fonctions attribuées par les lois aux officiers du ministère public dans l'instruction et le jugement des affaires criminelles, seront exercées près la Chambre des Pairs, constituée en Cour de justice pour connoître de la plainte portée par le sieur Selves contre M. Séguier, premier président de la cour royale de Paris, membre de la Chambre des Pairs, par le sieur baron Mourre, notre procureur-général près la cour de cassation.

2.

Le sieur Cauchy, Secrétaire archiviste de la Chambre des Pairs, remplira les fonctions de greffier.

3.

Notre Garde des sceaux, Ministre secrétaire d'État au département de la justice, est chargé de l'exécution de notre présente ordonnance.

Donné au château des Tuileries, le 23 juin de l'an de grace 1819, et de notre règne le 25ᵉ.

Signé LOUIS.

Par le Roi :

Le Garde des sceaux,

Signé DE SERRE.

RAPPORT FAIT AU ROI,

ET APPROUVÉ PAR SA MAJESTÉ,

RELATIVEMENT à la collation des titres de Pairie.

14 août 1819.

SIRE,

L'ordonnance du 5 mars 1819 déclare que, jusqu'à ce qu'ils aient institué un majorat, les Pairs nouvellement nommés prendront rang à la Chambre après le dernier Pair antérieurement nommé et reçu.

Ainsi, Votre Majesté a voulu que l'institution du majorat, fut, pour les Pairs nouvellement nommés, le seul moyen de prendre dans la Chambre un rang définitif; et ceux de ces Pairs qui possèdent actuellement un majorat, ou sont en état de le fonder, peuvent seuls être appelés à un rang plus élevé.

Toutefois, c'est à Votre Majesté à déterminer le titre sous lequel elle leur permet de constituer leur Pairie héréditaire.

Des demandes ont déja été présentées : avant de les soumettre à Votre Majesté, je dois appeler son attention sur une question générale.

On peut placer les Pairs nouvellement nommés qui possèdent, ou feront un majorat, sur les différents bancs de la Chambre; on peut les faire d'abord entrer tous par le banc inférieur.

Le premier parti diminueroit nécessairement la considération attachée à ce banc inférieur, et ceux qui y siègent seroient blessés de le voir ainsi franchi par leurs nouveaux collègues; d'un autre côté, de graves difficultés se présenteroient dans la comparaison qu'il faudroit faire des nouveaux Pairs entre eux, de ceux anciennement nommés avec ceux qui viennent d'être appelés à la Chambre, des services, des droits, de la position de chacun; trop d'amours-propres seroient froissés, peut-être trop

de reconnoissance éteinte. Il n'y a point
de services dont la Pairie, conférée par
Votre Majesté, ne soit un digne prix,
et une si haute grace ne peut être con-
sidérée comme un droit pour solliciter
une grace nouvelle.

Si, au contraire, Votre Majesté, dai-
gnoit admettre l'idée d'établir d'abord
sous le même titre les majorats des
Pairs nouvellement nommés, il pourroit naître de cette disposition un assez
grand nombre d'avantages : la hiérarchie des titres dans la Chambre des
Pairs étant établie par ce seul acte de la
volonté royale, la valeur de tous ces
titres en seroit rehaussée, chaque nouveau titre deviendroit une faveur, chaque faveur un objet d'ambition ; et Votre Majesté se réserveroit ainsi une utile
influence dans la Chambre haute.

On n'auroit pas à craindre que cette
résolution fît tomber les majorats à un
taux inférieur. Parmi les Pairs qui peuvent établir un majorat, le plus grand
nombre ne peut instituer que des majorats de Baron ; ceux à qui d'anciennes

dotations, ou une fortune plus consi-
dérable permettent d'en fonder de plus
élevés, n'en seront pas moins empressés
à se préparer, par des majorats plus
forts, la chance d'être appelés un jour
à un titre supérieur. Ceux qui n'auroient
pu constituer qu'un majorat inférieur,
auront, si leur fortune s'accroît, un puis-
sant motif d'élever leur majorat.

Ces différentes considérations qu'il
suffit d'indiquer à Votre Majesté m'ont
conduit à penser

« Qu'il seroit convenable d'arrêter en
« principe : Que le premier titre à con-
« férer aux Pairs nouvellement créés
« sera celui de Baron ; et d'appliquer ce
« principe aux Pairs nommés par l'or-
« donnance de Votre Majesté du 5 mars
« dernier, en réservant à Votre Majesté,
« lorsqu'elle voudra reconnoître de nou-
« veaux services, d'élever les uns et les
« autres plus tard et par degrés, à des
« titres supérieurs, de sorte qu'un Pair
« ne pourroit obtenir un titre supérieur
« qu'après avoir été revêtu du titre im-
« médiatement inférieur. »

Je prie Votre Majesté de vouloir bien me faire connoître ses intentions.

> *Le Garde des sceaux de France,*
> *Ministre secrétaire d'État au dé-*
> *partement de la justice,*
>   *Signé* H. DE SERRE.

En marge est écrit :
    Le 1ᵉʳ septembre 1819. APPROUVÉ.
        Signé LOUIS.

Par le Roi : *le Garde des sceaux.*
    Signé H. DE SERRE.

~~~~~~~~~~~~~~~~~~~~~~~~~~~~~~~

ORDONNANCE DU ROI,

Qui fixe les droits de sceau à payer pour les lettres-patentes déclaratives ou institutives de la Pairie.

———

12 septembre 1819.

LOUIS, PAR LA GRACE DE DIEU, ROI DE FRANCE ET DE NAVARRE;

A tous ceux qui ces présentes verront, SALUT :

Voulant pourvoir à l'exécution de notre ordonnance du 5 mars 1819 et de la décision que nous avons rendue le 1er de ce mois relativement aux rangs et majorats de Pairie; et fixer les droits de sceau à payer pour les lettres-patentes déclaratives ou institutives de la Pairie, afin que l'expédition de ces lettres souffrent moins de retard;

Vu l'avis du maître des requêtes, commissaire pour nous au sceau de France;

Sur le rapport de notre Garde des sceaux, Ministre secrétaire d'État au département de la justice,

Nous avons ordonné et ordonnons ce qui suit:

ARTICLE 1er.

Le droit du sceau, pour les lettres déclaratives de la Pairie personnelle à délivrer aux Pairs qui n'auront point institué de majorat, est fixé à 500 fr.

2.

Le droit du sceau, pour les lettres institutives de la Pairie héréditaire à délivrer aux Pairs qui auront, d'après les lois et règlements, accompli toutes les formalités de la constitution du majorat, est fixé pour chacun des titres de Pairie, ainsi qu'il suit :

Pour les Pairs en possession prouvée du
titre de Duc, à . . . . 2,000 fr.
  de Marquis, à 1,400
  de Comte, à 800
  de Vicomte, à 600
  de Baron, à 500

Ce droit est indépendant du droit de concession; et toutes les fois que, soit dans le cas de l'art. 1er, soit dans le cas de l'art. 2e, la possession du titre, que nous attachons aujourd'hui ou que nous attacherons à une Pairie dans la hiérarchie successive des titres de la Chambre, ne sera pas prouvée par des actes légaux ou authentiques, il y aura, préalablement à la délivrance des lettres de Pairie, lieu à l'expédition des lettres de concession de ce titre, et à l'acquittement intégral des droits fixés.

3.

Dans l'un et l'autre cas, le droit du référendaire sera du dixième du droit de sceau.

4.

Notre Garde des sceaux est chargé de l'exécution de la présente ordonnance.

Donné au château des Tuileries, le 12ᵉ jour du mois de septembre de l'an de grace 1819, et de notre règne le 25ᵉ.

Signé LOUIS.

Et plus bas,

Par le Roi :

Le Garde des sceaux Ministre de la justice,

Signé H. de SERRE.

~~~~~~~~~~~~~~~~~~~~~~~~~~~~~~~~~~~~~~~

ORDONNANCE DU ROI,

PORTANT nomination de 8 Pairs de France.

———

19 novembre 1819.

LOUIS, PAR LA GRACE DE DIEU, ROI DE FRANCE ET DE NAVARRE,

A tous ceux qui ces présentes verront, SALUT :

Vu l'art. 27 de la Charte constitutionnelle,

NOUS AVONS ORDONNÉ ET ORDONNONS ce qui suit :

ARTICLE 1er.

Sont nommés membres de la Chambre des Pairs les dénommés ci-après :

Le comte Clément-de-Ris.
Le comte Dédelay-d'Agier.
Le comte Fabre de l'Aude.
Le comte Gassendi.
Le duc de Praslin.

Le comte Casa-Bianca.
Le comte de Ségur.
Le comte de Valence.

2.

Il est expressément dérogé, en faveur des Pairs ci-dessus nommés, à la disposition de l'art. 1er de notre ordonnance du 25 août 1817. En conséquence, lesdits Pairs prendront immédiatemeut séance dans la Chambre des Pairs, lors même qu'ils n'auroient pas encore institué le majorat exigé par l'article précité.

Devront toutefois lesdits Pairs, pour jouir du bénéfice de notre ordonnance du 19 août 1815, et rendre la dignité de Pair héréditaire dans leurs familles, instituer un majorat, au titre qui leur sera conféré par nos lettres-patentes.

Ils prendront dans la Chambre le rang du titre de Pairie dont ils auront institué le majorat.

Jusqu'à cette institution, ils prendront rang après le dernier Pair antérieurement nommé et reçu, selon l'ordre de nomination de la présente ordonnance.

3.

Notre Ministre secrétaire d'état au département de l'intérieur, Président du conseil des Ministres, et notre Garde des sceaux Ministre de la justice, sont chargés, chacun en ce qui le concerne, de l'exécution de la présente ordonnance.

DONNÉ en notre château des Tuileries, le 21ᶜ jour du mois de novembre de l'an de grace 1819, et de notre règne le 25ᵉ.

Signé LOUIS.

Par le Roi :

Le Ministre secrétaire d'État au département de l'intérieur, Président du conseil des Ministres,

Signé le comte DECAZES,

~~~~~~~~~~~~~~~~~~~~~~~~~~~~~~~~~~~~~~

ORDONNANCE DU ROI,

RELATIVE au jugement du nommé Louvel.

———

14 février 1820.

LOUIS, PAR LA GRACE DE DIEU, ROI DE FRANCE ET DE NAVARRE;

A tous ceux qui ces présentes verront, SALUT:

Vu l'art. 33 de la Charte constitutionnelle qui attribue à la Chambre des Pairs la connoissance des crimes de haute trahison et des attentats à la sûreté de l'État, qui seront définis par la loi;

Vu l'article 87 du Code pénal, qui met au nombre des crimes contre la sûreté de l'État l'attentat ou le complot contre la vie ou la personne des membres de la Famille royale;

Notre conseil d'État entendu;

NOUS AVONS ORDONNÉ ET ORDONNONS ce qui suit:

ARTICLE Ier.

La Chambre des Pairs, constituée en Cour des Pairs, procédera sans délai au jugement du nommé Louis-Pierre Louvel, prévenu du crime d'attentat sur la personne de notre bien-aimé neveu, le duc de Berry.

2.

Elle se conformera, pour l'instruction et le jugement, aux formes prescrites par nos ordonnances des 11 et 12 novembre 1815.

3.

Notre procureur-général en notre cour royale de Paris, remplira les fonctions de procureur-général près notre Cour des Pairs;

Le Secrétaire-archiviste en notre Chambre des Pairs, et son adjoint, rempliront celles de greffier.

4.

La présente ordonnance sera portée à la Chambre des Pairs, par notre Ministre secrétaire d'État au département

de l'intérieur, Président de notre conseil des Ministres; notre Ministre secrétaire d'État au département de la guerre,
et le comte Siméon, sous-secrétaire d'É-
tat, chargé par intérim du ministère de
la justice.

Donné à Paris, le 14 février de l'an
de grace 1820, et de notre règne le 25e.

Signé LOUIS.

Par le Roi:

*Le Ministre secrétaire d'État au dé-
partement de l'intérieur, Président
du conseil des Ministres,*

Signé le comte Decazes.

ORDONNANCE DU ROI,

Qui confère le titre de Duc à M. le comte
Decazes, Pair de France.

20 février 1820.

LOUIS, par la grace de Dieu, Roi
de France et de Navarre;

A tous ceux qui ces présentes verront,
salut :

Voulant donner au comte Decazes
un témoignage de la satisfaction que
nous avons de ses services, du zéle et
de la fidélité dont il nous a donné des
preuves dans les occasions les plus difficiles, et aussi de son attachement à
notre personne et à notre Famille;

Nous avons ordonné et ordonnons
ce qui suit :

ARTICLE Ier.

Le comte Decazes, Pair de France,

Ministre d'État, est nommé Duc, pour jouir, lui et ses descendants en ligne directe de mâle en mâle, par ordre de primogéniture, des honneurs et prérogatives attachés à ce rang, à charge par lui de se conformer aux lois du Royaume et notamment aux dispositions de notre ordonnance du 19 août 1815.

2.

Notre Ministre secrétaire d'État au département des affaires étrangères est chargé de l'exécution de la présente ordonnance.

Donné au château des Tuileries, le 20ᵉ jour de février de l'an de grace 1820, et de notre règne le 25ᵉ.

Signé LOUIS.

Et plus bas,

Par le Roi:

Le Ministre secrétaire d'État au département des affaires étrangères,
Signé Pasquier.

~~~~~~~~~~~~~~~~~~~~~~~~~~~~~~~~~~~~~

ORDONNANCE DU ROI,

Qui autorise la comte Louis de Beaupoil Saint-Aulaire, à former un majorat destiné à rendre héréditaire, dans sa personne, la Pairie dont son père est revêtu.

————

9 mars 1820.

LOUIS, par la grace de Dieu, Roi de France et de Navarre;

A tous ceux qui ces présentes verront; salut :

Vu la requête de notre très cher amé et féal Joseph de Beaupoil, comte de Saint-Aulaire, nommé Pair de France par notre ordonnance du 5 mars 1819, dans laquelle il nous expose que les circonstances ne lui permettent pas de remplir les conditions imposées par cette ordonnance, pour rendre sa Pairie héréditaire, et nous supplie d'accorder à son fils Louis de Beaupoil, comte de Saint-Aulaire, membre de la Chambre des Députés, la permission de fonder le majorat qui doit, aux termes de notre ordonnance du 5 mars 1819, lui en procurer l'hérédité;

Voulant donner à notre très cher amé et féal le comte de Saint-Aulaire et à sa famille un témoignage particulier de bienveillance,

Nous avons ordonné et ordonnons ce qui suit:

ARTICLE 1er.

Nous autorisons le sieur Louis de Beaupoil, comte de Saint-Aulaire, fils du comte Joseph de Beaupoil, comte de Sainte-Aulaire, à fonder de ses propres biens, d'après les lois, réglements et statuts des majorats, un majorat de 10,000 fr. en rentes cinq pour cent consolidées; ledit majorat destiné à remplir les conditions voulues par l'art. 2 de notre ordonnance du 25 mars dernier, et à rendre héréditaire dans la personne du sieur Louis de Beaupoil, comte de Saint-Aulaire, la Pairie dont son père a été revêtu.

2.

Lorsque le majorat aura été institué dans les formes et selon les règlements, que l'acte indicatif en aura été délivré, et les lettres-patentes expédiées, il pourra être délivré au comte Joseph de Saint-Aulaire, des lettres de Pairie portant pour lui institution de la Pairie héréditaire dans la personne de son fils Louis de Beaupoil, comte de Saint-Aulaire.

3.

Notre Président du conseil des Ministres et notre Garde des sceaux sont chargés de l'exécution de la présente ordonnance.

Donné au château des Tuileries le 9ᵉ jour de mars, de l'an de grace 1820, et de notre règne le 25ᵉ.

Signé LOUIS.

Par le Roi :

Pour le Garde des sceaux,

Le Ministre secrétaire d'État des affaires étrangères,

Signé PASQUIER.

ORDONNANCE DU ROI,

RELATIVE à la tutelle des enfants de S. A. R. feu M. le Duc de BERRY, et à la composition du conseil de famille.

25 avril 1820.

LOUIS, PAR LA GRACE DE DIEU, ROI DE FRANCE ET DE NAVARRE;

A tous ceux qui ces présentes verront, SALUT :

Vu notre ordonnance du 23 mars 1816, qui détermine les formalités nécessaires pour constater l'état civil des Princes et Princesses de notre famille;

Voulant pourvoir à ce qui concerne la tutelle des enfants de feu notre bien-aimé neveu Charles-Ferdinand d'Artois, duc de Berry, et régler à l'égard de notre Maison royale la composition des conseils de famille, dont les fonc-

tions sont déterminées par la loi, ainsi
que les formalités à observer aux scellés
ou inventaires auxquels il pourroit y
avoir lieu de procéder après le décès des
Princes et Princesses de notre famille,
ou en tout autre occasion;

Nous avons ordonné et ordonnons
ce qui suit :

ARTICLE Ier.

Nous déclarons réserver et attribuer
au besoin, à nous, et à notre couronne,
tous les droits de la puissance pater-
nelle sur la personne de notre bien-aimée petite-nièce, Mademoiselle, fille
de feu notre bien-aimée neveu Charles-
Ferdinand d'Artois, duc de Berry, et de
notre bien-aimée nièce Caroline-Ferdinande des Deux-Siciles, duchesse de
Berry, comme aussi sur la personne de
l'enfant dont notre bien-aimée nièce
Caroline-Ferdinande des Deux-Siciles,
duchesse de Berry, est enceinte.

2.

La tutelle et la curatelle, quant aux

biens et à l'administration des biens, seront réglées conformément à ce qui est prescrit par le Code civil. Nous nous réservons néanmoins la nomination de tous tuteurs onéraires, subrogés-tuteurs, et curateurs.

3.

Ces tuteurs seront placés sous la surveillance du conseil de famille, dont la composition sera réglée ci-après. Ils lui rendront tous comptes de tutelle, le cas échéant. Ce conseil remplira, pour les actes de tutelle, toutes les fonctions qui, à l'égard des particuliers, sont déléguées par le Code civil aux conseils de famille ordinaires.

4.

Notre Chancelier exercera par rapport à nous et aux Princes et Princesses de notre maison, les fonctions attribuées aux juges de paix dans les conseils de famille, à l'égard des autres Français.

Il sera assisté par le Garde des archives de la Chambre des Pairs, faisant fonctions de greffier.

5.

Le conseil de famille sera présidé par notre Chancelier, qui en fait toujours partie; il sera composé, outre les Princes de notre famille et de notre sang, des personnes que nous jugerons à propos d'y appeler. Il s'assemblera au lieu que nous aurons indiqué.

6.

Dans tous les cas où, entre particuliers, les délibérations des conseils de famille sont sujettes à l'homologation des tribunaux, les décisions du conseil de notre famille n'auront d'effet qu'après avoir été revêtues de notre approbation.

7.

S'il y a lieu d'apposer les scellés après décès, ou en tous autres cas, ils seront apposés par notre Chancelier et par lui levés en la forme ordinaire. Les inventaires seront faits en sa présence par tous officiers à ce compétents. Néanmoins il pourra déléguer, tant pour l'apposition et la levée des scellés que pour l'inventaire, un de nos conseillers d'État, lorsqu'il faudra, pour ces opérations, se transporter dans tout autre lieu que le palais où nous résiderons. Le Garde des archives de la Chambre des Pairs fera les fonctions de greffier. Elles seront remplies par un maître des requêtes en notre conseil, désigné par notre Chancelier, lorsqu'il sera lui-même remplacé par un conseiller d'État.

8.

Il sera procédé à l'apposition, à la levée des scellés et à l'inventaire, conformément aux règles prescrites par le Code de procédure civile; le Garde des archives de la Chambre des Pairs, ou le maître des requêtes faisant fonctions de greffier, recevront toutes oppositions qui pourroient être faites aux scellés.

9.

Les minutes des procès-verbaux d'apposition et levée des scellés resteront déposées aux archives de la Chambre des Pairs. Les expéditions seront délivrées par le Garde des archives de la Chambre des Pairs aux parties intéressées.

10.

La présente ordonnance sera communiquée à notre Chambre des Pairs, et transcrite sur ses registres. Elle sera en outre insérée au Bulletin des lois.

11.

Le Président de notre conseil des Ministres est chargé de l'exécution de la présente ordonnance.

Donné en notre château des Tuileries, le 25 avril de l'an de grace 1820, et de notre règne le 25e.

Signé LOUIS.

Et plus bas,

Par le Roi :

Le Ministre secrétaire d'État, Président du conseil des Ministres,

Signé RICHELIEU.

ORDONNANCE DU ROI,

Qui augmente les droits de sceau des lettres-patentes de Pairie.

———

27 avril 1820.

LOUIS, PAR LA GRACE DE DIEU, ROI DE FRANCE ET DE NAVARRE;

A tous ceux qui ces présentes verront, SALUT :

Vu l'avis du maître des requêtes, notre commissaire au sceau de France;

Sur le rapport de notre Garde des sceaux, Ministre secrétaire d'État au département de la justice,

NOUS AVONS ORDONNÉ ET ORDONNONS ce qui suit :

ARTICLE Ier.

Le droit de sceau des lettres de Pairie fixé par notre ordonnance du 12 septembre 1819, à 500 fr. pour les lettres déclaratives, et pour les lettres institutives, sous le titre de baron, est maintenu.

Il sera de 800 fr. pour les lettres-patentes portant constitution de la Pairie au titre de vicomte;

de 1,200 pour id. au titre de comte;

de 2,000 pour id. au titre de marquis;

de 3,000 pour id. au titre de duc.

2.

Notre Garde des sceaux est chargé de l'exécution de la présente ordonnance.

Donné au château des Tuileries, le 27ᵉ jour d'avril de l'an de grace 1820, et de notre règne le 25ᵉ.

Signé LOUIS.

Par le Roi :

Pour le Garde des sceaux absent, le Ministre des affaires étrangères,

Signé PASQUIER.

ORDONNANCE DU ROI,

Qui compose le conseil de famille et nomme la tutelle des enfants de S. A. R. feu M. le Duc de BERRY.

———

22 juin 1820.

LOUIS, PAR LA GRACE DE DIEU, ROI DE FRANCE ET DE NAVARRE;

A tous présents, et à venir, SALUT:

Vu notre ordonnance du 25 avril dernier, relative à la tutelle des enfants de notre bien aimé neveu Charles Ferdinand d'Artois, duc de Berry.

Voulant pourvoir à la composition que nous nous sommes réservée du conseil de famille, ainsi qu'à sa prompte convocation, et faire connoître audit conseil de famille les subrogés tuteurs, et tuteur onéraire dont la nomination nous appartient;

NOUS AVONS ORDONNÉ ET ORDONNONS ce qui suit:

ARTICLE Ier.

Le conseil de famille que nous avons institué par notre ordonnance du 25 avril dernier, pour la tutelle des enfants de notre bien-aimé neveu le duc de Berry, sera incessamment convoqué par notre Chancelier, au lieu, jour, et heure qui lui seront indiqués par notre bien-aimé frère, Monsieur.

2.

Ce conseil sera composé de tous les Princes de notre famille, et de notre sang, résidants à Paris, et en outre, de notre cousin le maréchal duc de Tarente, et du comte de Nantouillet, que nous nommons, à défaut de parents, pour compléter ledit conseil.

3.

Nous reconnoissons notre bien-aimée nièce Caroline Ferdinande des Deux-Siciles, duchesse de Berry, tutrice naturelle et légale de notre bien-aimée petite-nièce Mademoiselle, sa fille.

Notre bien-aimé frère Monsieur, exercera dans tous les actes relatifs à la tutelle, les fonctions de subrogé tuteur, et jusqu'à la naissance de l'enfant dont notre bien-aimée nièce est enceinte, nous le nommons *curateur au ventre.*

4.

Si le conseil de famille juge qu'il soit utile de nommer un ou plusieurs tuteurs onéraires, ils nous seront désignés par la tutrice et le subrogé tuteur, et ne pourront entrer en fonctions qu'après avoir obtenu notre agrément.

5.

Notre Chancelier est chargé de l'exécution de la présente ordonnance, dont il donnera connoissance au conseil de famille, à sa première réunion.

Donné à Paris, le 22e jour de juin, de l'an de grace 1820, et de notre règne le 26e.

Signé LOUIS.

Et plus bas :

Le Chancelier de France,

Signé DAMBRAY.

~~~~~~

ORDONNANCE DU ROI,

Qui défère à la Cour des Pairs le jugement des individus arrêtés le 19 août 1820.

———

21 août 1820.

LOUIS, PAR LA GRACE DE DIEU, ROI DE FRANCE ET DE NAVARRE;

A tous ceux qui ces présentes verront, SALUT:

Vu l'article 33 de la Charte constitutionnelle, qui attribue à la Chambre des Pairs la connoissance des crimes de haute trahison et des attentats à la sûreté de l'État qui seront définis par la loi;

Vu les articles 87. 88 et 89 du Code pénal,

Notre conseil entendu,

NOUS AVONS ORDONNÉ ET ORDONNONS ce qui suit:

ARTICLE Ier.

La Cour des Pairs est convoquée.

Les Pairs absents de Paris seront tenus de s'y rendre immédiatement, à moins qu'ils ne justifient d'un empêchement légitime.

2.

Cette Cour procédera sans délai au jugement des individus arrêtés à Paris, le 19 août au soir, comme prévenus des crimes prévus par les articles 87, 88 et 89 du Code pénal, et de tous autres individus qui seroient prévenus d'être auteurs, fauteurs, ou complices des mêmes crimes.

3.

Elle se conformera, pour l'instruction, et le jugement, aux formes qui ont été suivies par elle jusqu'à ce jour.

4.

Le sieur Ravez, conseiller d'État, remplira les fonctions de notre procureur général près la Cour des Pairs.

Il sera assisté des sieurs Jacquinot-Pampelune, maître des requêtes en notre conseil d'État, faisant les fonctions

d'avocat-général, et chargé de rempla-
cer le procureur-général en son absence,
et des sieurs Mars et Gossin, faisant
les fonctions de substituts du procureur-général, lesquels composeront avec
lui le parquet de notre Cour des Pairs.

5.

Le Garde des archives de la Chambre
des Pairs, et son adjoint rempliront les
fonctions de greffiers près notre Cour
des Pairs.

6.

Notre Président du conseil des Ministres, et notre Garde des sceaux, Ministre secrétaire d'État au département de
la justice, sont chargés, chacun en ce
qui le concerne, de l'exécution de la
présente ordonnance, qui sera insérée
au bulletin des lois.

Donné à Paris, au château des Tuileries, le 21ᵉ jour d'août, de l'an de grace
1820, et de notre règne le 26ᵉ.

Signé LOUIS.

Par le Roi:

Le Président du conseil des Ministres,
Signé RICHELIEU.

~~~~~~

ORDONNANCE DU ROI,

Qui autorise en faveur d'AMABLE - CHARLES HENNEQUIN, comte d'ECQUEVILLY, la transmission héréditaire de la Pairie, et du titre de Comte, dont est revêtu M. le marquis d'ECQUEVILLY, son oncle.

———

27 janvier 1821.

LOUIS, PAR LA GRACE DE DIEU, ROI DE FRANCE ET DE NAVARRE;

A tous ceux qui ces présentes verront, SALUT :

Vu la requête présentée par notre très cher amé, et féal le marquis d'Ecquevilly, élevé par nous à la dignité de Pair de France, sous le titre de Comte, par notre ordonnance du 31 août 1817;

Tendante à obtenir la transmission, à défaut de descendance mâle, de la Pairie dont il est revêtu, du titre qui y est attaché, et du majorat qui doit y être affecté pour rendre l'un et l'autre héréditaires, au comte d'Ecquevilly, son neveu.

Sur le rapport du Président de notre conseil des Ministres,

NOUS AVONS ORDONNÉ ET ORDONNONS ce qui suit :

ARTICLE 1ᵉʳ.

Les rang, titre, et qualité de Pair de notre Royaume, dont il nous a plu de revêtir notre très cher amé et féal le marquis d'Ecquevilly, par notre ordonnance du 31 août 1817, portant en outre attribution du titre de Comte à cette même dignité; le majorat à instituer pour rendre héréditaire cette Pairie, et le titre de Comte y attaché, seront transmissibles, après notre très cher amé et féal le marquis d'Ecquevilly, au sieur Amable-Charles Hennequin comte d'Ecquevilly, son neveu, né le 25 juin 1784, fils aîné d'Amable-Charles vicomte d'Ecquevilly, décédé maréchal-de-camp, et de dame Marie-Anne-Joséphine d'Eyck, son épouse, et ce, dans le cas où notre

très cher amé et féal le marquis d'Ecquevilly, ne laisseroit aucun enfant ou
descendant mâle.

2.

Il est en conséquence, le cas échéant,
dérogé, pour cette fois seulement et
sans tirer à conséquence, aux dispositions de l'art. 3 de notre première ordonnance du 25 août 1817, et des statuts, lois et réglements relatifs aux titres
et majorats.

3.

Les dispositions précédentes seront
mentionnées dans les lettres-patentes
qui seront délivrées à notre très cher
amé et féal le marquis d'Ecquevilly,
en sa qualité de Comte-Pair; pour l'ob-
tention desquelles lettres-patentes il se
retirera devant notre Garde des sceaux
dans le délai de

4.

Faute de quoi, et ce délai expiré
sans que lesdites lettres aient été délivrées, la présente ordonnance, à la diligence du maître des requêtes commis-

saire pour nous au sceau, cessera d'avoir son effet.

5.

Les droits dus seront préalablement acquittés.

6.

Le Président de notre conseil des Ministres, et notre Garde des sceaux, Ministre secrétaire d'État, au département de la justice, sont chargés de l'exécution des présentes.

Donné au château des Tuileries, le 27ᵉ jour de janvier, de l'an de grace 1821, et de notre règne le 26ᵉ.

Signé LOUIS.

Et plus bas,

Par le Roi :

Signé RICHELIEU.

ORDONNANCE DU ROI,

Qui nomme pour Procureur-général, près la Cour des Pairs, M. de Peyronnet, et pour premier substitut M. de Vatimesnil fils.

22 février 1821.

LOUIS, par la grace de Dieu, Roi de France et de Navarre;

A tous ceux qui ces présentes verront, salut:

Vu les démissions des sieurs Ravez et Jacquinot de Pampelune, en date du 27 décembre dernier, des fonctions qui leur avoient été déléguées près de la Cour des Pairs, par notre ordonnance du 21 août précédent;

Sur le rapport de notre Garde des sceaux, Ministre secrétaire d'État au département de la justice,

Nous avons ordonné et ordonnons ce qui suit:

ARTICLE Ier.

Le sieur de Peyronnet, procureur-général à la cour royale de Rouen, remplira les fonctions de notre procureur-général près la cour des Pairs.

Il sera assisté du sieur de Vatimesnil, fils, faisant les fonctions de premier substitut, et des sieurs Mars et Gossin, substituts nommés par notre ordonnance précitée.

2.

Notre Garde des sceaux, Ministre secrétaire d'État au département de la justice, est chargé de l'exécution de la présente ordonnance.

Donné au château des Tuileries, le 22 février, de l'an de grace 1821, et de notre règne le 26e.

Signé LOUIS.

Par le Roi :

Le Garde des sceaux,

Signé H. DE SERRE.

ORDONNANCE DU ROI,

Relative au costume des membres de la Cour des Pairs.

20 avril 1821.

LOUIS, par la grace de Dieu, Roi de France et de Navarre,

A tous ceux qui ces présentes verront, salut :

Nous avons ordonné et ordonnons ce qui suit :

ARTICLE Ier.

Lorsque la Chambre est constituée en Cour de justice, les Pairs de France qui y siègent portent l'habit suivant :

Simarre de soie bleue de roi, petits boutons et boutonnières d'or, larges manches à paremens ouverts, boutons et boutonnières de même ; épitoge d'hermine rattachée avec des glands d'or ;

cravatte de dentelle; toque de velours
bleu de roi, bordée d'hermine, la bor-
dure surmontée de la couronne du titre,
brodée en or.

2.

Notre procureur-général, près la cour
des Pairs, porte la simarre, l'épitoge et
la cravate comme les Pairs, toque bordée d'hermine et d'un double galon
d'or.

3.

Nos avocats-généraux, les substituts
de notre procureur-général, et le greffier en chef de la cour des Pairs et son
adjoint, portent la simarre de soie bleue
de roi comme celle des Pairs, avec collet
d'hermine sans épitoge, leur toque est
bordée d'hermine avec un seul galon
d'or.

4.

Les commis-greffiers portent la simarre de soie bleue de roi, et la toque
sans galon.

5.

Notre Ministre secrétaire d'État, Président du conseil des Ministres, et notre Garde des sceaux, Ministre secrétaire d'État au département de la justice, sont chargés, chacun en ce qui le concerne, de l'exécution de la présente ordonnance.

Donné à Paris, au château des Tuileries, le 20ᵉ jour du mois d'avril, de l'an de grace 1821, et de notre règne le 26ᵉ.

Signé LOUIS.

Par le Roi :

Le Garde des sceaux, Ministre secrétaire d'État de la justice;

Signé H. DE SERRE.

ORDONNANCE DU ROI,

Qui nómme Pair France M. le baron DE
BEURNONVILLE.

———

24 avril 1821.

LOUIS, PAR LA GRACE DE DIEU, ROI
DE FRANCE ET DE NAVARRE ;

A tous ceux qui ces présentes verront,
SALUT :

Sur le rapport du Président de notre
conseil des Ministres ;

NOUS AVONS ORDONNÉ ET ORDONNONS ce
qui suit :

Est nommé membre de la Chambre
des Pairs, au titre de Baron, le sieur
Étienne de Beurnonville, maréchal-de-
camp, colonel du 6ᵉ régiment de notre
garde royale.

Le Président du conseil des Ministres,
et notre Garde des sceaux, Ministre secrétaire d'État de la justice, sont chargés

de l'exécution de la présente ordonnance.

Donné au château des Tuileries, le 24e jour d'avril, de l'an de grace 1821, et de notre régne le 26e.

Signé LOUIS.

Et plus bas,

Par le Roi :

Le Président du conseil des Ministres,
Signé Richelieu.

~~~~~~~~~~~~~~~~~~~~~~~~~~~~~~

ORDONNANCE DU ROI,

Qui confère le titre de Duc à M. l'abbé comte de Montesquiou.

———

<div align="right">30 avril 1821.</div>

LOUIS, par la grace de Dieu, Roi de France et de Navarre,

A tous ceux qui ces présentes verront, salut :

Voulant donner au sieur abbé comte de Montesquiou, un nouveau témoignage de notre satisfaction pour ses bons et loyaux services,

·Nous avons ordonné et ordonnons ce qui suit :

ARTICLE Ier.

Le sieur abbé comte de Montesquiou, Pair de France, Ministre d'État, et membre de notre conseil privé, est nommé Duc, pour jouir, lui et ses héritiers de son titre de Pairie, des honneurs et prérogatives attachés à ce rang, à charge par lui de se conformer aux lois du Royaume, et notamment aux dispositions de notre ordonnance du 19 août 1815.

2.

Le Président de notre conseil des Ministres est chargé de l'exécution de la présente ordonnance.

Donné au château des Tuileries, le 30e jour d'avril, de l'an de grace 1821, et de notre règne, le 26e.

Signé LOUIS.

Et plus bas,

Par le Roi :

Le Ministre secrétaire d'État, Président du conseil des Ministres,

Signé Richelieu.

ORDONNANCE DU ROI,

Qui confère le titre de Duc à M. le comte DE BLACAS.

30 avril 1821.

LOUIS, PAR LA GRACE DE DIEU, ROI DE FRANCE ET DE NAVARRE,

A tous ceux qui ces présentes verront, SALUT :

Voulant donner au comte de Blacas un nouveau témoignage de notre satisfaction, pour ses bons et loyaux services,

NOUS AVONS ORDONNÉ ET ORDONNONS ce qui suit :

ARTICLE 1er.

Le comte de Blacas, Pair de France, notre ambassadeur à Rome, est nommé Duc, pour jouir, lui et ses descendants en ligne directe de mâle en mâle, par ordre de primogéniture, des honneurs et prérogatives attachés à ce rang, à charge par lui de se conformer aux lois du Royaume, et notamment aux dispositions de notre ordonnance du 19 août 1815.

2.

Le Président de notre conseil des Ministres est chargé de l'exécution de la présente ordonnance.

Donné au château des Tuileries, le 30e jour d'avril, de l'an de grace 1821, et de notre règne le 26e·

Signé LOUIS.

Et plus bas,

Par le Roi :

Le Ministre secrétaire d'État, Président du conseil des Ministres,

Signé RICHELIEU.

ORDONNANCE DU ROI,

Qui nomme M le marquis DE PASTORET, Vice-président de la Chambre des Pairs, et confère à M. le marquis BARTHÉLEMY, le titre de Vice-président honoraire.

———

26 mai 1821.

LOUIS, PAR LA GRACE DE DIEU, ROI DE FRANCE ET DE NAVARRE,

A tous ceux qui ces présentes verront, SALUT :

Le sieur marquis Barthélemy nous ayant fait connoître que l'état de sa santé ne lui permettoit pas de remplir les fonctions de Vice-président de la Chambre des Pairs, et nous ayant demandé de pourvoir à son remplacement;

Notre bienveillance pour le sieur marquis Barthélemy nous portant à prendre en considération cette demande, et voulant en même temps lui donner un témoignage de notre haute satisfaction des services éminents qu'il a rendus à l'État, et à notre personne;

Vu l'article 29 de la Charte constitutionnelle;

NOUS AVONS ORDONNÉ ET ORDONNONS ce qui suit :

ARTICLE Ier.

Le sieur marquis de Pastoret est nommé Vice-président de la Chambre des Pairs.

2.

Nous conférons au sieur marquis Barthélemy le titre de Vice-président honoraire.

3.

Le Président de notre conseil des Ministres est chargé de l'exécution de la présente ordonnance.

Donné au château des Tuileries, le 26e jour du mois de mai, l'an de grace 1821, et de notre règne le 26e.

Signé LOUIS.

Par le Roi :

Le Président du conseil des Ministres,
Signé RICHELIEU.

ORDONNANCE DU ROI,

Qui nomme Pair de France M. DE BERNIS,
Archevêque de Rouen.

———

4 août 1821.

LOUIS, PAR LA GRACE DE DIEU, ROI
DE FRANCE ET DE NAVARRE,

A tous ceux qui ces présentes verront,
SALUT :

Vu l'art. 27 de la Charte constitutionnelle;

NOUS AVONS ORDONNÉ ET ORDONNONS ce
qui suit :

ARTICLE 1er.

Le sieur de Bernis, Archevêque de
Rouen, est nommé membre de la Chambre des Pairs.

2.

Le Président de notre conseil des Ministres, et notre Garde des sceaux, Mi-

nistre de la justice, sont chargés de l'exécution de la présente ordonnance.

Donné au château de Saint-Cloud, le 4ᵉ jour d'août, de l'an de grace 1821, et de notre règne le 27ᵉ.

Signé LOUIS.

Et plus bas,

Par le Roi :

Le Président du conseil des Ministres,

Signé Richelieu.

ORDONNANCE DU ROI,

Qui nomme Pair de France M. Daviau du Bois de Sanzay, Archevêque de Bordeaux.

---

4 août 1821.

LOUIS, par la grace de Dieu, Roi de France et de Navarre,

A tous ceux qui ces présentes verront, SALUT :

Vu l'art. 27 de la Charte constitutionnelle;

Nous avons ordonné et ordonnons ce
qui suit :

ARTICLE Ier.

Le sieur Daviau du Bois de Sanzay,
Archevêque de Bordeaux, est nommé
membre de la Chambre des Pairs.

2.

Le Président de notre conseil des Ministres, et notre Garde des sceaux Ministre de la justice, sont chargés de l'exécution de la présente ordonnance.

Donné au château de Saint-Cloud,
le 4e jour d'août, de l'an de grace 1821,
et de notre règne, le 27e.

Signé LOUIS.

Et plus bas,

Par le Roi :

Le Président du conseil des Ministres,

Signé Richelieu.

ORDONNANCE DU ROI,

Qui nomme Pair de France M. le baron Pasquier, et autorise la transmission héréditaire
de sa Pairie, en faveur de M. Jules Pasquier,
son frère puîné.

———

24 septembre 1821.

LOUIS, par la grace de Dieu, Roi
de France et de Navarre,

A tous ceux qui ces présentes verront,
salut :

Vu notre ordonnance du 25 août 1817,
sur la formation des majorats à instituer
par les Pairs ;

Vu notre ordonnance du 29 décembre 1818, par laquelle nous avons autorisé, en faveur de notre amé Pasquier,
la fondation d'un majorat au titre de
Baron :

Voulant lui donner un témoignage de
satisfaction pour ses bons et loyaux services,

· Nous avons ordonné et ordonnons ce qui suit :

ARTICLE Ier.

Notre amé le baron Pasquier, Ministre et secrétaire d'État des affaires étrangères, est élevé à la dignité de Pair du Royaume.

2.

Dans le cas où il viendroit à décéder sans postérité mâle, naturelle et légitime, ladite dignité de Pair de France sera transmise héréditairement à son frère puîné, Jules Pasquier, pour en jouir, lui et sa descendance mâle, naturelle et légitime.

3.

Les lettres-patentes qui seront expédiées à notre amé, le baron Pasquier, en exécution de nos ordonnances, porteront institution du titre de Baron : en conséquence, ce titre sera et demeurera uni à la Pairie dont nous l'avons pourvu, pour en jouir, lui et ses successeurs à ladite Pairie, ainsi que des droits, hon-

neurs et prérogatives, qui y sont attachés.

Donné le 24ᵉ jour du mois de septembre, de l'an de grace 1821, et de notre
règne le 27ᵉ.

Signé LOUIS.

Par le Roi :

Le Président du conseil des Ministres,

Signé RICHELIEU.

ORDONNANCE DU ROI,

Qui élève à la dignité de Pair du Royaume
M. le comte SIMÉON.

25 octobre 1821.

LOUIS, PAR LA GRACE DE DIEU, ROI
DE FRANCE ET DE NAVARRE ;

A tous ceux qui ces présentes verront,
SALUT :

Vu notre ordonnance du 25 août 1817,

sur la formation des majorats à instituer par les Pairs;

Vu notre ordonnance du 16 septembre 1821, par laquelle nous avons autorisé en faveur de notre amé le comte Siméon, Ministre et secrétaire d'État au département de l'intérieur, la fondation d'un majorat, au titre de Baron;

Voulant lui donner un nouveau témoignage de satisfaction, pour ses bons et loyaux services,

NOUS AVONS ORDONNÉ ET ORDONNONS ce qui suit:

ARTICLE 1er.

Notre amé le comte Siméon est élevé à la dignité de Pair du Royaume.

2.

Les lettres-patentes qui seront expédiées à notre amé le comte Siméon, en exécution de nos ordonnances, porteront institution du titre de Baron; en conséquence, ce titre sera et demeurera uni à la Pairie dont nous l'avons pourvu, pour en jouir, lui et ses successeurs à ladite Pairie, ainsi que des droits, hon-

neurs et prérogatives qui y sont attachés.

Donné à Paris, au château des Tuileries le 25 octobre, de l'an de grace 1821,
et de notre règne le 27ᵉ.

Signé LOUIS.

Et plus bas;

Signé RICHELIEU.

~~~~~~~~~~~~~~~~~~~~~~~~~~~~~~~~~~~~~~~

ORDONNANCE DU ROI,

Qui élève à la dignité de Pair du Royaume
M. le baron PORTAL.

13 décembre 1821.

LOUIS, PAR LA GRACE DE DIEU, ROI
DE FRANCE ET DE NAVARRE;

A tous ceux qui ces présentes verront,
SALUT:

Voulant donner au sieur baron Portal, un nouveau témoignage de satisfaction, pour ses bons et loyaux services,

NOUS AVONS ORDONNÉ ET ORDONNONS ce
qui suit:

ARTICLE Iᵉʳ.

Notre amé le sieur baron Portal est élevé à la dignité de Pair du Royaume.

2.

Notre amé le sieur baron Portal, est autorisé à instituer un majorat, au titre de Baron, lequel titre sera et demeurera uni à la Pairie dont nous l'avons pourvu, pour en jouir, lui et ses successeurs à ladite Pairie, ainsi que des droits, honneurs et prérogatives qui y sont attachés.

Ledit majorat devra être institué dans le délai de deux mois, à dater des présentes, et avant l'entrée dudit baron Portal à la Chambre des Pairs, dérogeant expressément à cet effet à notre ordonnance du 25 août 1817.

Donné à Paris, au château des Tuileries, le 13 du mois de décembre, 1821, et de notre règne le 27ᵉ.

Signé LOUIS.

Et plus bas,

Par le Roi :

Le Président du conseil des Ministres,
Signé RICHELIEU.

ORDONNANCE DU ROI,

Qui élève à la dignité de Pair du Royaume M. Roy, Ministre d'État et membre de notre conseil privé.

———

13 décembre 1821.

LOUIS, PAR LA GRACE DE DIEU, ROI DE FRANCE ET DE NAVARRE,

A tous ceux qui ces présentes verront, SALUT:

Voulant donner au sieur Roy un nouveau témoignage de satisfaction, pour ses bons et loyaux services,

NOUS AVONS ORDONNÉ ET ORDONNONS ce qui suit:

ARTICLE Ier.

Notre amé le sieur Roy, Ministre d'État, et membre de notre conseil privé, est élevé à la dignité de Pair du Royaume.

2.

Notre amé le sieur Roy, est autorisé

à instituer un majorat, au titre de Comte, lequel titre sera et demeurera uni à la Pairie dont nous l'avons pourvu, pour en jouir, lui et ses successeurs à ladite Pairie, ainsi que des droits, honneurs et prérogatives qui y sont attachés.

Ledit majorat devra être institué dans le délai de deux mois, à dater des présentes, et avant l'entrée dudit sieur Roy à la Chambre des Pairs, dérogeant expressément à cet effet à notre ordonnance du 25 août 1817.

DONNÉ à Paris, au château des Tuileries, le 13ᵉ jour du mois de décembre, de l'an de grace 1821, et de notre règne le 27ᵉ.

Signé LOUIS.

Et plus bas,

Par le Roi :

Le Président du conseil des Ministres,

Signé RICHELIEU.

~~~~~~~~~~~~~~~~~~~~~~~~~~~~~~~~~~~~~~~

ORDONNANCE DU ROI,

Qui autorise M. le comte de POLIGNAC à porter
le titre de Prince romain.

———

30 juillet 1822.

LOUIS, PAR LA GRACE DE DIEU, ROI
DE FRANCE ET DE NAVARRE,

A tous ceux qui ces présentes verront,
SALUT :

Voulant donner un témoignage particulier de notre bienveillance, à notre
très cher amé et féal le comte de Polignac, Pair de France;

Sur le rapport de notre Garde des
sceaux, Ministre et secrétaire d'État au
département de la justice :

Nous avons autorisé, et par ces présentes nous autorisons notredit très
cher amé et féal le comte de Polignac

à prendre et à porter personnellement, dans notre Royaume, le titre de Prince romain, à lui conféré par notre très Saint-Père le Pape.

Conformément à notre ordonnance du 31 janvier 1819, ledit comte de Polignac se retirera par devant notre Garde des sceaux pour obtenir les lettres-patentes nécessaires.

Donné à Saint-Cloud, le 30ᵉ jour de juillet, de l'an de grace 1822, et de notre règne le 28ᵉ.

Signé LOUIS.

Et plus bas,

Par le Roi :

Le Garde-des-sceaux, Ministre de la justice,

Signé DE PEYRONNET.

ORDONNANCE DU ROI,

Portant nomination de huit Pairs de France.

3ı octobre 1821.

LOUIS, par la grace de Dieu, Roi de France et de Navarre,

A tous ceux qui ces présentes verront, salut :

Vu l'art. 27 de la Charte constitutionnelle, et l'art. 1er de notre ordonnance du 25 août 1817,

Nous avons ordonné et nous ordonnons ce qui suit :

ARTICLE 1er.

Sont élevés à la dignité de Pairs de France, les sieurs :

Du Chilleau, Archevêque de Tours;
de La Fare, Archevêque de Sens;
de Coucy, Archevêque de Reims;

de Quélen, Archevêque de Paris;

de Boulogne, Évêque de Troyes;

de Latil, Évêque de Chartres;

Prince de Croï, Évêque de Strasbourg;

Frayssinou s, Évêque d'Hermopolis.

2.

Le Président de notre conseil des Ministres, est chargé de l'exécution de la présente ordonnance.

DONNÉ au château des Tuiléries, le 31ᵉ jour du mois d'octobre, de l'an de grace 1822, et de notre règne le 28ᵉ.

Signé LOUIS.

Et plus bas,

Par le Roi :

Le Président du conseil des Ministres,

, *Signé* Jᴴ ᴅᴇ Vɪʟʟᴇ̀ʟᴇ.

~~~~~~

ORDONNANCE DU ROI,

Qui confère le titre de Duc à M. le vicomte Mathieu de Montmorency.

————

1er décembre 1822.

LOUIS, par la grace de Dieu, Roi de France et de Navarre ;

À tous ceux qui ces présentes verront, salut :

Voulant donner un témoignage de notre bienveillance et de notre satisfaction, à notre amé et féal vicomte Mathieu de Montmorency, notre Ministre secrétaire d'État au département des affaires étrangères,

Nous avons ordonné et ordonnons ce qui suit :

ARTICLE Ier.

Notre amé et féal vicomte Mathieu de Montmorency, est créé Duc.

2.

Ce titre est attaché à sa dignité de Pair.

3.

En conséquence, notre amé et féal vicomte Mathieu de Montmorency jouira, et après lui ses enfants, postérité et descendants en ligne directe, nés ou à naître, en légitime mariage, jouiront des rangs et honneurs attachés audit titre de Duc, et ce, de mâle en mâle, par ordre de primogéniture, à la charge par notre amé et féal vicomte de Montmorency, de se conformer aux lois à ce relatives, notamment aux dispositions de notre ordonnance du 19 août 1815, et de se retirer en outre devant notre Garde des sceaux, Ministre secrétaire d'État de la justice, pour obtenir nos lettres-patentes sur ce nécessaires.

Donné au château des Tuileries, le 1er jour de décembre, de l'an de grace 1822, et de notre règne le 28e.

Signé LOUIS.

Par le Roi:

Le Président du conseil des Ministres,

Signé Jn DE VILLÈLE.

ORDONNANCE DU ROI,

Qui autorise en faveur de M. Louis-Marie Bufile marquis de Brancas, la transmission héréditaire du titre de Pairie de M. le duc de Brancas, son oncle.

10 décembre 1822.

LOUIS, par la grace de Dieu, Roi de France et de Navarre;

A tous ceux qui ces présentes verront, salut :

Voulant donner à notre très cher amé, féal, et cousin le duc de Brancas, un nouveau témoignage de la bienveillance que nous lui portons, et perpétuer dans la Pairie un nom qui en fut honoré, dès l'année 1657, par notre aïeul de glorieuse mémoire ;

Vu l'art. 3 de notre ordonnance du 19 août 1815;

Sur le rapport de notre Président du conseil des Ministres,

NOUS AVONS ORDONNÉ ET NOUS ORDON-
NONS ce qui suit :

ARTICLE Ier.

Les rang, titre, et qualité de Pair du
Royaume, dont jouit notre très cher
amé, féal, et cousin le duc de Brancas,
seront transmis héréditairement au sieur
Louis-Marie Bufile, marquis de Brancas,
son neveu, pour en jouir, lui et sa descendance mâle, directe et légitime, dans
le cas où le titulaire actuel viendroit à
décéder, sans postérité mâle, directe
et légitime.

2.

VOULONS ET ORDONNONS que ladite
transmission, aux conditions et dans les
cas sus-énoncés, soit mentionnée et autorisée dans les lettres-patentes, signées
de nous, et scellées de notre grand-
sceau, qu'il sera tenu de réquérir.

3.

Notre Président du conseil des Ministres, et notre Garde des sceaux, sont
chargés, chacun en ce qui le concerne,
de l'exécution de la présente ordonnance.

Donné à Paris, au château des Tuileries, le 10ᵉ jour du mois de décembre, de l'an de grace 1822, et de notre règne le 28ᵉ.

Signé LOUIS.

Et plus bas,

Par le Roi :

Le Président du conseil des Ministres,

Signé Jᴴ de VILLÈLE.

~~~~~~~~~~~~~~~~~~~~~~~~~~~~~~~~

ORDONNANCE DU ROI,

Qui autorise en faveur de M. PAUL DE NOAILLES, la transmission héréditaire du titre de Pairie de M. le duc DE NOAILLES, son grand-oncle.

———

6 janvier 1823.

LOUIS, PAR LA GRACE DE DIEU, ROI DE FRANCE ET DE NAVARRE,

À tous ceux qui ces présentes verront, SALUT :

Voulant donner à notre très cher amé

féal, et cousin le duc de Noailles, un nouveau témoignage de la bienveillance que nous lui portons, et perpétuer dans la Pairie un nom qui en fut honoré, dès l'année 1663, par les Rois nos prédécesseurs;

Vu l'art. 3 de notre ordonnance du 19 août 1815;

Sur le rapport de notre Président du conseil des Ministres,

NOUS AVONS ORDONNÉ ET NOUS ORDONNONS ce qui suit :

ARTICLE 1er.

Les rang, titre, et qualité de Pair du Royaume, dont jouit notre très cher amé, féal, et cousin le duc de Noailles, seront transmis héréditairement au sieur Paul de Noailles, son petit-neveu, pour en jouir, lui et sa descendance mâle, directe et légitime, dans le cas où le titulaire actuel viendroit à décéder sans postérité mâle, directe et légitime.

2.

VOULONS et ORDONNONS que ladite transmission, aux conditions et dans les cas sus-énoncés, soit mentionnée et autorisée dans les lettres-patentes signées de nous, et scellées de notre grand sceau, qu'il sera tenu de requérir.

3.

Notre Président du conseil des Ministres, et notre Garde des sceaux, sont chargés, chacun en ce qui le concerne, de l'exécution de la présente ordonnance.

Donné au château des Tuileries, le 6ᵉ jour du mois de janvier, de l'an de grace 1823, et de notre règne le 28ᵉ.

Signé LOUIS.

Et plus bas,

Par le Roi:

Le Président du conseil des Ministres,

Signé Jᵇ DE VILLÈLE.

ORDONNANCE DU ROI,

Portant que, dans la Chambre des Pairs, les Cardinaux prendront rang au banc des Ducs, et les Archevêques et Evêques à celui des Comtes.

8 janvier 1823.

LOUIS, par la grace de Dieu, Roi de France et de Navarre;

A tous ceux qui ces présentes verront, salut :

Nous avons ordonné et nous ordonnons ce qui suit :

ARTICLE Ier.

Les Cardinaux Pairs du Royaume, prendront rang au banc des Ducs, et ils jouiront des droits, honneurs et prérogatives attachés à ce titre.

2.

Les Pairs du Royaume, revêtus de la dignité d'Archevêque et d'Évêque, prendront rang au banc des Comtes, et ils jouiront des droits, honneurs et prérogatives attachés à ce titre, à moins qu'ils ne soient personnellement pourvus d'un titre de Pairie supérieur.

3.

Des lettres-patentes seront expédiées, en conformité de ces dispositions, aux Cardinaux, Archevêques et Évêques qui font actuellement partie de la Chambre des Pairs, et à ceux qui y seroient appelés par la suite.

4.

Notre Président du conseil des Ministres, et notre Garde des sceaux, Ministre et secrétaire d'État au département de la justice, sont chargés de l'exécution de la présente ordonnance.

Donné à Paris, en notre château des Tuileries, le 8ᵉ jour du mois de janvier,

de l'an de grace 1823, et de notre règne
le 28ᵉ.

·Signé LOUIS.

Et plus bas,

Par le Roi:

Le Président du conseil des Ministres,

Signé Jᴮ ᴅᴇ Vɪʟʟᴇ̀ʟᴇ.

ORDONNANCE DU ROI,

Qui élève M. le comte ᴅᴇ Lᴀɢᴀʀᴅᴇ à la dignité
de Pair de France.

12 février 1823.

LOUIS, ᴘᴀʀ ʟᴀ ɢʀᴀᴄᴇ ᴅᴇ Dɪᴇᴜ, Rᴏɪ
ᴅᴇ Fʀᴀɴᴄᴇ ᴇᴛ ᴅᴇ Nᴀᴠᴀʀʀᴇ,

A tous ceux qui ces présentes verront,
ꜱᴀʟᴜᴛ:

Voulant donner à notre fidèle et amé le
comte de Lagarde une marque spéciale
de notre satisfaction pour ses bons et
loyaux services, et le dévouement dont

il nous a donné des preuves pendant tout le temps qu'a duré la mission dont nous l'avions chargé auprès de Sa Majesté catholique;

Nous avons ordonné et ordonnons ce qui suit:

ARTICLE Ier.

Notre amé le sieur comte de Lagarde est élevé à la dignité de Pair du Royaume.

2.

Notre amé le sieur comte de Lagarde est autorisé à instituer un majorat au titre de Baron, lequel titre sera et demeurera uni à la Pairie dont nous l'avons pourvu, pour en jouir, lui et ses successeurs à ladite Pairie, ainsi que des droits, honneurs et prérogatives qui y sont attachés.

Ledit majorat devra être institué dans le délai de deux mois, à dater des présentes, et avant l'entrée dudit comte de Lagarde à la Chambre des Pairs, dérogeant expressément à cet effet à notre ordonnance du 25 août 1817.